AF276394

Disfrute gratuitamente **DURANTE UN AÑO** de los eBook y audiolibros de las obras de Editorial Colex*

- Acceda a la página web de la editorial **www.colex.es**

- Identifíquese con su usuario y contraseña. En caso de no disponer de una cuenta regístrese.

- Acceda en el menú de usuario a la pestaña «Mis códigos» e introduzca el que aparece a continuación:

RASCAR PARA VISUALIZAR EL CÓDIGO

- Una vez se valide el código, aparecerá una ventana de confirmación y su eBook y audiolibro estará disponible **durante 1 año desde su activación** en la pestaña «Mis libros» en el menú de usuario.

> * Los audiolibros están disponibles en las ediciones más recientes de nuestras obras. Se excluyen expresamente las colecciones «Códigos comentados», «Biblioteca digital» y los productos de www.vademecumlegal.es.

No se admitirá la devolución si el código promocional ha sido manipulado y/o utilizado.

¡Gracias por confiar en Nosotros!

La obra que acaba de adquirir incluye de forma gratuita la versión electrónica.

Acceda a nuestra página web para aprovechar todas las funcionalidades de las que dispone en nuestro lector.

Funcionalidades eBook

Acceso desde cualquier dispositivo con conexión a internet

Idéntica visualización a la edición de papel

Navegación intuitiva

Tamaño del texto adaptable

Síguenos en:

INTRODUCCIÓN AL ESTUDIO DE EMPRESAS Y DERECHOS HUMANOS

TEMAS, CONCEPTOS Y MATERIALES

© Laura Íñigo Álvarez
© Daniel Iglesias Márquez

© Editorial Colex, S.L.
Calle Costa Rica, número 5, 3.º B (local comercial)
A Coruña, C.P. 15004
info@colex.es
www.colex.es

I.S.B.N.: 979-13-7011-268-4
Depósito legal: C 1166-2025
DOI: https://doi.org/10.69592/979-13-7011-268-4

INTRODUCCIÓN AL ESTUDIO DE EMPRESAS Y DERECHOS HUMANOS

TEMAS, CONCEPTOS Y MATERIALES

Laura Íñigo Álvarez
Daniel Iglesias Márquez

COLEX 2025

Sumario

Tema 3
El Pilar I de los Principios Rectores: el deber del Estado de proteger

Tema 4
El Pilar II de los Principios Rectores: la responsabilidad corporativa de respetar

Tema 5
El Pilar III de los Principios Rectores: el deber de reparar

Tema 6
La debida diligencia en materia de derechos humanos

Tema 7
Iniciativas internacionales para una regulación internacional de la debida diligencia en materia de derechos humanos

Tema 8
El proceso hacia un tratado en materia de empresas y derechos humanos

Tema 9
Empresas, derechos humanos y personas defensoras

Tema 10
Empresas en situaciones de conflicto armado

PRESENTACIÓN

Durante las últimas décadas, la expansión de las actividades empresariales en el marco de la globalización económica ha evidenciado la necesidad de examinar con mayor rigor el impacto que dichas actividades pueden tener sobre el disfrute de los derechos humanos. Este impacto puede manifestarse tanto de forma positiva —mediante la generación de empleo, transferencia de tecnología o inversión en infraestructura— como de forma negativa, particularmente cuando las empresas, directa o indirectamente, participan en abusos de derechos humanos o contribuyen a contextos estructurales de desigualdad, exclusión y daño ambiental. Las implicaciones de la conducta empresarial son especialmente relevantes en sectores como la industria extractiva, la agricultura industrial, la producción textil o los servicios digitales, así como en regiones caracterizadas por una débil gobernanza, conflictos armados o la presencia de pueblos indígenas y otras comunidades en situación de vulnerabilidad.

Las empresas, como actores no estatales con una creciente capacidad de influencia transnacional, interactúan con un amplio abanico de titulares de derechos: sus trabajadores y trabajadoras, incluidas las personas subcontratadas; las comunidades locales asentadas en las zonas de operación; los proveedores y trabajadores de las cadenas globales de suministro; y también los consumidores o usuarios finales de bienes y servicios. A su vez, las actividades empresariales inciden, de manera directa o indirecta, en el conjunto de los derechos humanos internacionalmente reconocidos, incluyendo derechos civiles, políticos, económicos, sociales, culturales y ambientales. La evidencia empírica demuestra que dichos impactos no se distribuyen de manera equitativa, afectando de forma desproporcionada a ciertos colectivos —como mujeres, personas LGBTIQ+, pueblos indígenas, migrantes o defensoras de

11

derechos humanos— que enfrentan múltiples y entrecruzadas formas de discriminación.

En este contexto, y como respuesta a las múltiples denuncias y litigios sobre abusos corporativos de derechos humanos y daños ambientales, se ha consolidado progresivamente un marco normativo y político que estructura el ámbito de las relaciones entre empresas y derechos humanos. Este marco incluye un conjunto de instrumentos internacionales, regionales y nacionales —tanto vinculantes como no vinculantes—. El documento más influyente en este ámbito lo constituyen los Principios Rectores de las Naciones Unidas sobre las Empresas y los Derechos Humanos (Principios Rectores), desarrollados por el Representante Especial del Secretario General sobre la cuestión de los derechos humanos y las empresas transnacionales y otras empresas comerciales John Ruggie, los cuales han sido ampliamente reconocidos por los actores estatales, las empresas transnacionales, las organizaciones de la sociedad civil y organismos regionales. Estos Principios Rectores se basan en tres pilares fundamentales: (i) el deber del Estado de proteger frente a abusos cometidos por terceros, incluidas las empresas; (ii) la responsabilidad corporativa de respetar los derechos humanos; y (iii) el deber conjunto de garantizar el acceso a la reparación de las víctimas.

Esta obra tiene por objeto introducir el surgimiento, evolución y aplicación práctica del ámbito de empresas y derechos humanos, con especial atención a los estándares internacionales y regionales más relevantes, así como a los desafíos estructurales y oportunidades de implementación que plantea este campo. A partir de un enfoque integral, la obra ofrece una aproximación tanto teórica como práctica a los principales debates, instrumentos, estándares y mecanismos relacionados con la conducta empresarial responsable y su interacción con el sistema internacional de protección de los derechos humanos.

En este sentido, la obra ofrece una aproximación integral al contenido y alcance de los Principios Rectores, examinando cada uno de sus pilares a la luz de la práctica estatal, empresarial y judicial. Asimismo, se aborda el concepto de debida diligencia en derechos humanos, entendido como un proceso continuo de identificación, prevención, mitigación y rendición de cuentas respecto de los impactos negativos que puedan derivarse de la actividad empresarial.

La debida diligencia se ha convertido en el eje normativo central de las reformas legislativas impulsadas en diversas jurisdicciones —tanto a nivel nacional como regional— que buscan transitar desde modelos voluntaristas hacia marcos normativos vinculantes. En particular, se analizarán los desarrollos legislativos en Europa, como la Directiva sobre diligencia debida de las empresas en materia de sostenibilidad, así como los avances hacia un tratado sobre empresas y derechos humanos en el marco de las Naciones Unidas.

De manera complementaria, esta obra también se centra en contextos específicos en los que la actividad empresarial plantea riesgos particularmente altos: (i) las situaciones de conflicto armado o inestabilidad institucional, donde se requieren estándares reforzados de diligencia y se plantean interrogantes sobre la complicidad empresarial en crímenes internacionales; y (ii) los casos que involucran ataques contra personas defensoras de derechos humanos, quienes muchas veces enfrentan represalias por denunciar abusos corporativos y participar en procesos de consulta y reparación. La criminalización, el uso de litigios abusivos (SLAPPs) y la exclusión sistemática de estas voces son manifestaciones que revelan la necesidad de establecer garantías efectivas de participación y protección.

Otro eje central de análisis será el acceso a mecanismos de reparación, tanto judiciales como extrajudiciales. Si bien existen experiencias significativas de litigios transnacionales y procesos extrajudiciales innovadores —como mecanismos de reclamación no judicial, acuerdos de mediación o mecanismos internos empresariales—, la realidad muestra que las personas afectadas por abusos relacionados con las empresas continúan enfrentando importantes barreras para acceder a justicia efectiva. Estas barreras incluyen obstáculos jurídicos (como la fragmentación normativa, los problemas de jurisdicción o la falta de regulación sobre responsabilidad extraterritorial), así como barreras prácticas (costos elevados, falta de información, riesgos de represalias, entre otras). Por tanto, la implementación del Pilar III de los Principios Rectores sigue siendo una cuestión pendiente, y su realización plena exige reformas estructurales en los sistemas jurídicos, en las políticas públicas, y en la arquitectura global de la gobernanza empresarial.

Finalmente, esta obra busca fomentar una comprensión crítica y aplicada del campo de empresas y derechos humanos, tanto desde una perspectiva académica como desde una orientación práctica para la formulación de políticas, la intervención social o el diseño de estrategias de litigio y defensa. A lo largo del desarrollo de los temas que dan lugar a esta obra, se analizarán casos emblemáticos, jurisprudencia internacional, normas emergentes, estándares de debida diligencia sectorial y marcos regulatorios en evolución, con el objetivo de dotar a personas que se inician en el estudio de esta temática de herramientas teóricas y analíticas robustas para abordar los complejos desafíos de la conducta empresarial responsable en el siglo XXI.

OBJETIVOS GENERALES

- Abordar la relación entre la actividad empresarial y los derechos humanos.

- Conocer los principales estándares internacionales y regionales en materia de empresas y derecho humanos, con especial atención a los Principios Rectores de la ONU sobre Empresas y Derechos Humanos y las Líneas Directrices de la OCDE sobre Empresas Multinacionales.

- Examinar el concepto de responsabilidad corporativa y los procesos de debida diligencia en materia de derechos humanos.

- Identificar los mecanismos de reparación de abusos cometidos en el contexto de las actividades empresariales.

OBJETIVOS ESPECÍFICOS

- Examinar el contenido y alcance de los Principios Rectores de la ONU sobre empresas y derechos humanos.

- Analizar los elementos de la debida diligencia en materia de derechos humanos, sus fases, y los desafíos que presenta su implementación práctica.

- Identificar los principales obstáculos enfrentados a la hora de hacer uso de los mecanismos de reparación en relación con abusos cometidos en el marco de las actividades empresariales.

- Examinar el papel de las partes interesadas en los procesos de debida diligencia y en los procesos de reparación.

- Abordar la responsabilidad corporativa en el contexto de las situaciones de conflicto armado y alto riesgo, así como la necesidad de establecer una salida responsable por parte de las empresas.

TEMA 1

LAS EMPRESAS TRANSNACIONALES EN LA SOCIEDAD INTERNACIONAL

1.1. Introducción y objetivos generales

El fenómeno de la globalización ha generado un nuevo campo de juego para las interacciones de los agentes sociales, con importantes implicaciones en los aspectos económicos, sociales y ambientales. En este sentido, las empresas tienen un papel primordial en la creación de empleo y riqueza, pero al mismo tiempo sus acciones pueden afectar de manera negativa a los derechos humanos. Es por ello por lo que se hace necesario evaluar su responsabilidad y su compromiso con los derechos humanos. En un primer momento las empresas comenzaron a desarrollar iniciativas y programas de Responsabilidad Social Corporativa (RSC) para responder a las demandas de una contribución activa a la mejora social, económica y responsabilidad ambiental. Sin embargo, el enfoque de derechos humanos es más amplio y holístico.

Este primer tema abordará la responsabilidad de las empresas más allá de los programas de RSC y del cumplimiento de las leyes nacionales teniendo en cuenta los potenciales impactos adversos de la actividad empresarial en los derechos humanos y el medio ambiente.

Los objetivos de este tema son:

- Abordar la relación entre la actividad empresarial y los derechos humanos.

– Explicar el papel y las responsabilidades de las empresas en el marco de derechos humanos.

La actividad empresarial, a través de sus operaciones y relaciones comerciales, puede afectar el disfrute de los derechos humanos de diversas formas y en diversos contextos. El estudio de las empresas y los derechos humanos se ha intensificado en las últimas décadas con el objetivo de identificar las posibles obligaciones y responsabilidades de las mismas en el marco de derechos humanos. En particular, la cuestión que se plantea es si las empresas como actores no estatales tienen responsabilidades en materia de derechos humanos.

1.2. Relación entre empresas y derechos humanos

En primer lugar, cabe preguntarse ¿por qué es importante hablar sobre las empresas y los derechos humanos? La actividad empresarial puede afectar el disfrute de los derechos humanos ya sea de forma positiva o negativa, incluyendo los derechos humanos de sus empleados y trabajadores subcontratados, sus clientes, los trabajadores de sus cadenas de suministro, las comunidades asentadas alrededor de sus operaciones y también los usuarios finales de sus productos o servicios. Pueden tener un impacto —directo o indirecto— en prácticamente todo el espectro de derechos humanos internacionalmente reconocidos, incluyendo derechos civiles y políticos, y derechos económicos, sociales y culturales.

Podemos decir que los abusos contra los derechos humanos pueden ser cometidos no sólo por los Estados sino también por actores no estatales, como las empresas. Cabe recordar el colapso del edificio Rana Plaza en Bangladesh que dejó más de 1.300 trabajadores de la confección muertos y más de 2.000 heridos; el impacto sobre los derechos humanos y el medio ambiente de la contaminación por petróleo en Nigeria por parte de una empresa multinacional; o los abusos sexuales, torturas y asesinatos asociados a las empresas de seguridad contratadas por firmas internacionales de diamantes en Angola.

También hay varias formas en que las empresas pueden verse involucradas en impactos adversos sobre los derechos humanos. En primer lugar, las empresas pueden causar el impacto a través de sus propias actividades. Como algunos ejemplos podríamos citar los trabajadores de una fábrica que están expuestos a condiciones peligrosas sin equipo de seguridad adecuado; la liberación de efluentes químicos que constituyen la principal fuente de contaminación del suministro de agua de una comunidad; o la discriminación racial rutinaria en el trato a los clientes.

En segundo lugar, las empresas también pueden contribuir al impacto a través de sus propias actividades, ya sea directamente o a través de un tercero (es decir, a través de otra empresa, una empresa de seguridad o un gobierno). Por ejemplo, si una empresa proporciona datos personales de usuarios de Internet a un gobierno que utiliza los datos para rastrear y procesar a disidentes políticos en contra de los derechos humanos; los productos como alimentos y bebidas dirigidos a niños con alto contenido de azúcar con un impacto en la obesidad infantil, entre otros.

Y, en tercer lugar, los impactos adversos sobre los derechos humanos pueden ser causados por entidades con las que las empresas tienen una relación comercial y están directamente vinculadas a sus operaciones, productos o servicios. Por ejemplo, otorgar préstamos financieros a una empresa para actividades comerciales que, en violación de las normas acordadas, resultan en el desalojo de comunidades; o el uso de mano de obra infantil por parte de un subcontratista de un proveedor de una empresa minorista para bordar prendas de vestir en incumplimiento de obligaciones contractuales.

A raíz de los grandes abusos ocurridos en las últimas décadas, las organizaciones de la sociedad civil han puesto de manifiesto que las empresas deben cumplir con las normas de derechos humanos. Por ejemplo, en la década de 1990, las organizaciones no gubernamentales (ONG) hicieron campaña contra el trabajo infantil y otros abusos en las cadenas de suministro de importantes empresas de indumentaria y calzado. También denunciaron presuntos abusos por parte de empresas mineras, petroleras y de gas, incluida la complicidad en la violencia de las fuerzas de seguridad gubernamentales y la contaminación que dañó la salud de las personas en las comunidades cercanas.

Frente a tales situaciones, se ha ido desarrollando una agenda de empresas y derechos humanos que busca establecer normas mínimas de conducta para las empresas con el objeto de prevenir, mitigar y responder a potenciales abusos a los derechos humanos y el medio ambiente. Esta agenda tomó protagonismo fundamentalmente con la adopción de los Principios Rectores de la ONU sobre Empresas y Derechos Humanos en 2011, considerado un marco universal para prevenir y abordar el riesgo de repercusiones negativas sobre los derechos humanos derivadas de actividades empresariales. Los Principios Rectores establecen un marco de políticas para la gestión de las empresas y los derechos humanos basado en tres pilares: el deber del Estado de proteger frente a abusos de los derechos humanos por parte de terceros, incluidas las empresas; la responsabilidad empresarial de respetar los derechos humanos; y el acceso de las víctimas a un recurso efectivo, judicial y/o extrajudicial.

Como veremos en las siguientes secciones, en los últimos años se han ido desarrollando una serie de instrumentos a nivel internacional, regional y nacional en materia de empresas y derechos humanos que buscan establecer mecanismos de prevención y reparación. Entre estos instrumentos, a nivel internacional destacan las Líneas Directrices de la OCDE para Empresas Multinacionales sobre Conducta Empresarial Responsable adoptadas en 1976 pero objeto de revisión en 2000, 2011 y 2023 que cuentan con 51 Estados adherentes. Por otro lado, la implementación de los Principios Rectores a nivel nacional se ha hecho a través de los llamados Planes Nacionales de Empresas y Derechos Humanos que pretenden traducir e integrar los tres pilares de los Principios Rectores a nivel de las políticas y mecanismos nacionales. También se han adoptado leyes de debida diligencia a nivel nacional en algunos países europeos, de las que hablaremos en los próximos epígrafes. Finalmente, existe un proceso de elaboración de un borrador de tratado en materia de empresas y derechos humanos cuyo proceso comenzó en 2014.

Por tanto, hoy en día se considera que los Estados tienen la obligación de proteger a las personas contra las vulneraciones de derechos humanos que puedan cometer en su territorio y/o jurisdicción terceras partes, incluyendo las empresas. Pero incluso cuando los Estados no cumplen con esta obligación, todas las empresas deben respetar los derechos humanos, lo que significa que deben abstenerse de vulnerar los derechos humanos de los demás y deben abordar proactivamente las repercusiones negativas que sus actividades puedan ejercer sobre esos derechos.

En esta línea, los Principios Rectores han aclarado en su comentario al Principio número 11 que:

«La responsabilidad de respetar los derechos humanos constituye una norma de conducta mundial aplicable a todas las empresas, dondequiera que operen. Existe con independencia de la capacidad y/o voluntad de los Estados de cumplir sus propias obligaciones de derechos humanos y no reduce esas obligaciones. Se trata de una responsabilidad adicional a la de cumplir las leyes y normas nacionales de protección de los derechos humanos».

1.3. Las empresas como actores no estatales en el marco de derechos humanos

Tradicionalmente se ha sostenido que las normas de derechos humanos sólo eran aplicables a los gobiernos, no al sector privado. Esto es, sólo existía una aplicación vertical de los derechos humanos y no una relación horizontal, entendiendo que los únicos obligados a respetar los derechos humanos de sus ciudadanos eran los Estados. De ahí que se hable del sistema de derecho internacional como aquel centrado en el estado *(state-centric system)*. Algunas empresas afirmaban que su única obligación era respetar las leyes nacionales, incluso cuando esas leyes no cumplían las normas internacionales de derechos humanos. Sin embargo, cabe recordar que el preámbulo de la Declaración Universal de Derechos Humanos entiende que «tanto los individuos como las instituciones» *(every individual and every organ of society)* deben promover y respetar los derechos humanos. El destacado estudioso del derecho internacional Louis Henkin señaló en 1999 que «los individuos incluyen a las personas jurídicas. Los individuos y las instituciones no excluyen a nadie, a ninguna empresa, a ningún mercado, a ningún ciberespacio. La Declaración Universal se aplica a todos ellos».

En esta misma línea, el profesor Andrew Clapham en su libro *Human Rights Obligations of Non-State Actors* (2006) explicó que había múltiples razones por las cuales los abogados y los gobiernos querían excluir a los actores no estatales de este régimen *estadocéntrico* del derecho internacional en general, y del derecho internacional de derechos humanos en particular. Una de las principales preocupaciones era el peligro de que la extensión de las obligaciones de derechos humanos a las empresas socavara o diluyera las propias responsabilidades de los actores estatales. Se refirió a este problema como un «problema de dilución». Sin embargo, podemos simplemente responder que las corporaciones transnacionales y las instituciones financieras internacionales tienen que respetar los derechos humanos de manera que complementen las responsabilidades de los estados, en lugar de reemplazar tales obligaciones. Hoy en día, la idea mayoritaria es que el derecho internacional se ocupa tanto de individuos como de otros actores no estatales y ambos tienen derechos y obligaciones internacionales. Esto se basa en la noción de dignidad humana subrayada en los instrumentos internacionales de derechos humanos.

Los órganos de tratados de derechos humanos de la ONU y Relatores Especiales también han enfatizado las responsabilidades de los actores no estatales. El Comité de Derechos Económicos, Sociales y Culturales de las Naciones Unidas (CESCR, por sus siglas en inglés) se ha referido a las responsabilidades de los actores no estatales y del sector empresarial privado respecto del derecho a la salud en la Observación General 14 (2000); el derecho al trabajo en la Observación General 18 (2006); las obligaciones de los Estados en virtud del Pacto Internacional de Derechos Económicos, Sociales y Culturales en el contexto de las actividades empresariales en la Observación General 24 (2017); la ciencia y los derechos económicos, sociales y culturales en la Observación General 25 (2020); y los derechos sobre la tierra y los derechos económicos, sociales y culturales en la Observación General 26 (2022).

En concreto, en la Observación General 24, el CESCR se refiere a la potencial impunidad de las empresas y la necesidad de establecer mecanismos de reparación indicando que:

«Debido a la manera en que están organizados los grupos de sociedades, las entidades empresariales suelen eludir la responsabilidad escondiéndose tras el denominado velo corporativo, mientras que la empresa matriz trata de eludir la responsabilidad por los actos de las filiales incluso cuando podría haber influido en su conducta» (p. 13).

Y por ello,

«se deben poner en marcha mecanismos efectivos de vigilancia, investigación y rendición de cuentas para asegurar la asunción de responsabilidades y el acceso a recursos, preferiblemente judiciales, de las víctimas de vulneraciones de los derechos reconocidos en el Pacto en el contexto de las actividades empresariales» (p. 14).

Asimismo, en la Observación General 25, el CESCR llama al establecimiento de obligaciones de diligencia debida para las empresas tecnológicas cuando afirma que:

«Los Estados partes deberían establecer un marco jurídico que imponga a los agentes no estatales la obligación de la diligencia debida en materia de derechos humanos, especialmente en el caso de las grandes empresas de tecnología. Ese marco jurídico debería incluir medidas que obliguen a las empresas a impedir la discriminación tanto en los niveles de entrada como de salida de los sistemas de inteligencia artificial y otras tecnologías» (p. 18).

Respecto a los derechos sobre la tierra, el CESCR hace hincapié en la obligación de proteger del Estado que entraña:

«el deber positivo de adoptar medidas legislativas y de otra índole para proporcionar criterios claros a actores no estatales como empresas e inversores privados, en especial en el contexto de adquisiciones y arrendamientos de tierras a gran escala tanto en el país como en el extranjero» (Observación General 22, p. 10).

Y respecto a las obligaciones extraterritoriales de proteger se «exige a los Estados partes que establezcan los mecanismos reguladores necesarios para que las entidades empresariales, incluidas las empresas transnacionales, y demás actores no estatales cuya actividad estén en condiciones de regular no menoscaben el disfrute de los derechos reconocidos en el Pacto en contextos relacionados con la tierra en otros países» (p. 14).

Finalmente, el Relator Especial sobre la promoción de la verdad, la justicia, la reparación y las garantías de no repetición, Fabián Salvioli, ha destacado recientemente que «es esencial que los Estados y los actores internacionales exijan a las empresas y negocios privados rendir cuentas por abusos graves cometidos durante periodos de conflicto armado o bajo un régimen autoritario», incluyendo medidas de reparación (A/HRC/51/34).

Por todo ello, podemos hablar de deberes complementarios entre Estados y empresas a la hora de prevenir y reparar abusos de derechos humanos en el marco de las actividades empresariales.

1.4. Responsabilidad social corporativa *vs* empresas y derechos humanos

En un momento inicial las empresas tendían a abordar las cuestiones sociales y medioambientales a través de sus programas de responsabilidad social corporativa (RSC). Sin embargo, el problema fue que muchas iniciativas de RSC se emprendieron de forma selectiva, en función de lo que la empresa decidía abordar voluntariamente. Si bien un enfoque de derechos humanos exige que las empresas respeten todos los derechos humanos; no tienen la opción de escoger y elegir abordar sólo aquellas cuestiones con las que se sienten más cómodas. Por lo tanto, un marco de derechos humanos proporciona un enfoque universalmente reconocido y centrado en las personas para los impactos sociales y ambientales provocados por las empresas.

Esta distinción ha sido esclarecida por la profesora Anita Ramasastry quien indica que:

«La Responsabilidad Social Corporativa (RSC) y las Empresas y los Derechos Humanos son como dos primos cercanos: son conceptos entrelazados centrados en empresas que participan en actividades responsables y socialmente beneficiosas, pero ambos conceptos tienen diferencias clave y, por lo tanto, identidades distintas basadas en sus orígenes».

En este sentido, la RSC proviene de la academia de negocios, mientras que la agenda de empresas y derechos humanos surgió del trabajo de juristas y defensores de los derechos humanos. Además, la RSC normalmente se ha centrado en el voluntarismo corporativo y las expectativas de las corporaciones como ciudadanos con responsabilidades derivadas de su papel como interlocutores sociales. La RSC a menudo enfatiza la toma de decisiones autoguiada en lugar de la imposición de requisitos legalmente vinculantes.

En contraste, el ámbito de las empresas y los derechos humanos surgió de esta búsqueda de responsabilidad corporativa para mitigar o prevenir los impactos adversos de la actividad empresarial en individuos y comunidades a partir de expectativas basadas en un conjunto de obligaciones de derechos humanos. En cierto sentido, el área de empresas y derechos humanos ha tendido a centrarse más en responsabilizar a las empresas por los daños causados. Por ello, tiende a centrarse en las víctimas o las comunidades afectadas y articula estas preocupaciones en términos de derechos basados en tratados y la idea de proporcionar una base clara para obtener justicias y reparaciones efectivas.

Esta distinción también parece relevante con el reciente desarrollo de programas de ESG de las empresas. Los programas ESG (el acrónimo en inglés de «Environmental, Social and Governance») son una forma de alentar a las empresas a cambiar sus actitudes hacia las cuestiones ambientales y sociales y aumentar la transparencia en sus actividades de gobierno corporativo. Sin embargo, si bien el crecimiento de los programas ESG es un avance positivo, hay que decir que los ESG como marco de trabajo no capturan suficientemente los posibles daños a las personas (y el riesgo resultante para las empresas) ni guían las decisiones que toman en cuenta los derechos humanos. En este sentido puede ocurrir que los ESG no logren identificar y abordar graves daños a los derechos humanos.

El respeto por los derechos humanos es un estándar global de conducta esperada mediante el cual las empresas, incluidos los actores financieros, toman medidas proactivas para evitar impactos negativos y permitir la reparación a las víctimas de daños. Los derechos humanos son universales y abarcan cuestiones civiles, políticas, económicas, sociales, culturales y ambientales (por ejemplo, privacidad, vivienda y un medio ambiente saludable), no un subconjunto de temas sociales específicos. Los derechos humanos son inalienables y deben defenderse independientemente de su valor para el éxito empresarial.

En pocas palabras, el respeto por los derechos humanos no es sólo un factor ESG, sino un estándar global de conducta esperado para todas las empresas, incluidos los inversores institucionales. En el contexto empresarial, esto se manifiesta en la responsabilidad de adoptar una política de derechos humanos, incorporar el respeto por los derechos humanos en toda la cadena de valor y emprender la debida diligencia en materia de derechos humanos. En otras palabras, esto implica una metodología y una mentalidad fundamentales, no simplemente una cuestión a abordar.

Por tanto, la adopción de medidas para abordar los riesgos para los derechos humanos no debería depender de su relevancia para la creación de valor empresarial. De esta forma, los inversores sólo aprovecharán el potencial de la inversión sostenible si adoptan plenamente un concepto central de la sostenibilidad corporativa: la responsabilidad de respetar los derechos humanos.

Finalmente, no podemos olvidar la interdependencia entre el ámbito de las empresas y los derechos humanos y la llamada Agenda 2030 para el Desarrollo Sostenible. Como sabemos, los Objetivos de Desarrollo Sostenible (ODS) constituyen un llamamiento universal a la acción para poner fin a la pobreza, proteger el planeta y mejorar las vidas y las perspectivas de las personas en todo el mundo. Todos los Estados Miembros de las Naciones Unidas aprobaron 17 Objetivos como parte de la Agenda 2030 para el Desarrollo Sostenible, en la cual se establece un plan para alcanzar los Objetivos en 15 años.

En este sentido, el Grupo de Trabajo de la ONU sobre Empresas y Derechos Humanos ha subrayado que los derechos humanos deben integrarse en las políticas y las prácticas, a medida que los países continúan traduciendo los ambiciosos ODS en acciones concretas. Dichos objetivos, acordados por los líderes mundiales como parte de la Agenda 2030 para el Desarrollo Sostenible, prevén asociaciones entre el sector privado y los gobiernos como parte de los esfuerzos para resolver los desafíos de desarrollo del mundo. Sin embargo, a menos que estas contribuciones empresariales se basen en la rendición de cuentas y el respeto de los derechos humanos, el sector privado corre el riesgo de socavar el desarrollo sostenible en lugar de apoyarlo, como ha indicado el Grupo de Trabajo.

1.5. Conclusión

El marco de empresas y derechos humanos se ha ido consolidando en las últimas décadas con un ámbito propio dentro del derecho internacional de los derechos humanos, especialmente con la aprobación de los Principios Rectores de la ONU sobre Empresas y Derechos Humanos en 2011.

Podemos decir que las empresas asumen hoy día un papel fundamental en la creación de empleo y riqueza y, al mismo tiempo, deben abordar los impactos adversos causados por sus operaciones o derivados de sus relaciones comerciales. La responsabilidad de proteger de las empresas es complementaria al deber del Estado de proteger frente a abusos de los derechos humanos por parte de terceros, siendo este último el garante último de la protección y promoción de los derechos humanos.

1.6. Bibliografía

Andrew CLAPHAM, *Human Rights Obligations of Non-State Actors* (Oxford University Press, 2006).

Anita RAMASASTRY, «Corporate Social Responsibility Versus Business and Human Rights: Bridging the Gap Between Responsibility and Accountability», in *Journal of Human Rights*, 14 (2015) 237-259 disponible en https://papers.ssrn.com/sol3/papers.cfm?abstract_id=2705675

Louis HENKIN, «The Universal Declaration at 50 and the Challenge of Global Markets», in *Brooklyn Journal of International Law*, 25 (1) (1999) 17-49 disponible en https://brooklynworks.brooklaw.edu/cgi/viewcontent.cgi?article=1602&context=bjil

DOCUMENTOS:

COMITÉ DE DERECHOS SOCIALES, ECONÓMICOS Y CULTURALES DE LA ONU, *Observación General 14* (2000): https://www.refworld.org/es/leg/general/cescr/2000/es/36991

COMITÉ DE DERECHOS SOCIALES, ECONÓMICOS Y CULTURALES DE LA ONU, *Observación General 18* (2006): https://www.refworld.org/es/leg/general/cescr/2006/es/32433

COMITÉ DE DERECHOS SOCIALES, ECONÓMICOS Y CULTURALES DE LA ONU, *Observación General 24* (2017): https://www.ohchr.org/en/documents/general-comments-and-recommendations/general-comment-no-24-2017-state-obligations-context

COMITÉ DE DERECHOS SOCIALES, ECONÓMICOS Y CULTURALES DE LA ONU, *Observación General 25* (2020): https://www.ohchr.org/en/documents/general-comments-and-recommendations/general-comment-no-25-2020-article-15-science-and

COMITÉ DE DERECHOS SOCIALES, ECONÓMICOS Y CULTURALES DE LA ONU, *Observación General 26* (2022): https://www.ohchr.org/en/calls-for-input/2021/call-written-contributions-draft-general-comment-no-26-land-and-economic

Informe del Relator Especial sobre la promoción de la verdad, la justicia, la reparación y las garantías de no repetición, Fabián Salvioli «La función y las responsabilidades de los actores no estatales en los procesos de justicia de transición», 12 de julio de 2022, A/HRC/51/34: https://web.dev.ohchr.un-icc.cloud/en/documents/thematic-reports/ahrc5134-role-and-responsibilities-non-state-actors-transitional-justice

Líneas Directrices de la OECD para Empresas Multinacionales sobre Conducta Empresarial Responsable (2023): https://www.oecd.org/publications/lineas-directrices-de-la-ocde-para-empresas-multinacionales-sobre-conducta-empresarial-responsable-7abea681-es.htm

Principios Rectores de la ONU sobre Empresas y Derechos Humanos (2011): https://www.ohchr.org/sites/default/files/documents/publications/guidingprinciplesbusinesshr_sp.pdf

WEBS DE INTERÉS:

BUSINESS AND HUMAN RIGHTS RESOURCE CENTRE: https://www.business-humanrights.org/es/

GRUPO DE TRABAJO DE LA ONU SOBRE EMPRESAS Y DERECHOS HUMANOS: https://www.ohchr.org/es/special-procedures/wg-business

OBJETIVOS DE DESARROLLO SOSTENIBLES, Agenda 2030, Naciones Unidas: https://www.un.org/sustainabledevelopment/es/

TEMA 2

INSTRUMENTOS INTERNACIONALES EN MATERIA DE EMPRESAS Y DERECHOS HUMANOS

2.1. Introducción y objetivos generales

En las últimas décadas, ha habido varios intentos de desarrollar estándares globales que promuevan la responsabilidad de las empresas en el ámbito de los derechos humanos y el medio ambiente. Podríamos decir que desde finales de los años 70 hasta principios de 2000 hubo al menos tres iniciativas principales, cada una de ellas con sus propias modalidades. Se trata de las Líneas Directrices de la OCDE para Empresas Multinacionales (1976, con revisiones en 2000, 2011 y 2023); el Pacto Mundial de las Naciones Unidas (2000); y el fallido Proyecto de normas sobre las responsabilidades de las empresas transnacionales y otras empresas comerciales en la esfera de los derechos humanos (2003).

En 2005, la Comisión de Derechos Humanos de la ONU solicitó al Secretario General de la ONU que nombrara un representante especial para empresas y derechos humanos. El Secretario General Kofi Annan nombró al Profesor John Ruggie de la Universidad de Harvard como Representante Especial. El trabajo del profesor Ruggie culminó con la adopción de los Principios Rectores de la ONU sobre Empresas y Derechos Humanos en 2011.

Los objetivos de este tema son:

– Analizar los principales instrumentos internacionales en materia de empresas y derechos humanos y su evolución en las últimas décadas.

– Examinar los deberes aplicables a Estados y empresas derivados de dichos instrumentos, con especial consideración de los Principios Rectores de la ONU.

Este tema analizará los instrumentos internacionales en materia de empresas y derechos humanos caracterizados como instrumentos de *soft law* (o derecho blando), su evolución y sus principales principios. Si bien estos instrumentos no son considerados vinculantes, los mismos tienen un peso fundamental en el desarrollo de la agenda de empresas y derechos humanos y han fomentado la adopción de normas, mecanismos y prácticas a nivel nacional y regional que traducen dichas exigencias.

2.2. El Pacto Mundial de la ONU

En 2000, las Naciones Unidas lanzaron el Pacto Mundial de las Naciones Unidas, una iniciativa de política voluntaria para empresas que se comprometen a alinear sus operaciones y estrategias con diez principios universalmente aceptados en áreas como los derechos humanos, los derechos laborales, el medio ambiente o la corrupción. Actualmente, los miembros del Pacto también se comprometen con el avance y la implementación de los Objetivos de Desarrollo Sostenibles de las Naciones Unidas (ODS).

Miles de empresas participan en el Pacto Mundial e informan públicamente sobre las medidas que adoptan para cumplir con los diez principios. Sin embargo, como afirma el propio Pacto Mundial, éste no es jurídicamente vinculante y no es una herramienta de evaluación o desempeño ni emite juicios sobre el desempeño.

El principal objetivo del Pacto es acelerar el impacto colectivo global de las empresas defendiendo los diez principios y cumpliendo los ODS a través de empresas y ecosistemas responsables que permitan el cambio. Para ello, el Pacto Mundial apoya a las empresas para:

– Hacer negocios de manera responsable alineando sus estrategias y operaciones con los diez principios sobre derechos humanos, trabajo, medio ambiente y anticorrupción; y

- Tomar acciones estratégicas para promover objetivos sociales más amplios, como los Objetivos de Desarrollo Sostenible de las Naciones Unidas, con énfasis en la colaboración y la innovación.

Los diez principios del Pacto Mundial de las Naciones Unidas se derivan de: la Declaración Universal de Derechos Humanos, la Declaración de la Organización Internacional del Trabajo (OIT) sobre los principios y derechos fundamentales en el trabajo, la Declaración de Río sobre el Medio Ambiente y el Desarrollo y la Convención de las Naciones Unidas contra la Corrupción.

En concreto, los diez principios son los siguientes:

- Principio 1: Las empresas deben apoyar y respetar la protección de los derechos humanos proclamados internacionalmente; y

- Principio 2: asegurarse de que no sean cómplices de abusos contra los derechos humanos.

- Principio 3: Las empresas deben defender la libertad de asociación y el reconocimiento efectivo del derecho a la negociación colectiva.

- Principio 4: la eliminación de todas las formas de trabajo forzoso y obligatorio.

- Principio 5: la abolición efectiva del trabajo infantil; y

- Principio 6: la eliminación de la discriminación en materia de empleo y ocupación.

- Principio 7: Las empresas deberían apoyar un enfoque precautorio ante los desafíos ambientales;

- Principio 8: emprender iniciativas para promover una mayor responsabilidad ambiental.

- Principio 9: fomentar el desarrollo y la difusión de tecnologías respetuosas con el medio ambiente.

- Principio 10: Las empresas deben trabajar contra la corrupción en todas sus formas, incluidas la extorsión y el soborno.

Actualmente el Pacto Mundial cuenta con más de 9.500 empresas y 3.000 signatarios no empresariales con sede en más de 160 países (entre los que se incluyen una mayoría de países en desarrollo) y 70 redes locales. En este sentido, el actual Secretario General de las Naciones Unidas, António Guterres ha declarado que:

> «El sector privado puede y debe desempeñar un papel central en este esfuerzo avanzando en la cooperación internacional, participando en alianzas entre los sectores públicos y privados, buscando soluciones innovadoras para desafíos compartidos y haciendo negocios de forma responsable».

2.3. Las Líneas Directrices de la OCDE para empresas multinacionales

Las Líneas Directrices de la OCDE se adoptaron en 1976 y proporcionan principios y estándares voluntarios para una conducta empresarial responsable. Son recomendaciones dirigidas por los gobiernos adherentes a empresas multinacionales que operan en o desde su territorio, por conductas relacionadas con los derechos laborales, la protección ambiental, los derechos humanos, la protección del consumidor, la divulgación de información o la lucha contra la corrupción. En particular, el objetivo principal de las Directrices es fomentar las contribuciones positivas que las empresas multinacionales pueden hacer al progreso económico, ambiental y social y minimizar las dificultades que sus diversas operaciones pueden generar.

Se trata de un instrumento de *soft law*. Sin embargo, los países que se adhieren a las Directrices asumen un compromiso vinculante de implementarlas. Actualmente hay 51 estados adheridos, 38 estados miembros de la OCDE y 13 no miembros, la mayoría de los países adheridos se encuentran en Europa, América del Norte y del Sur, y Asia-Pacífico. Los países que se incorporaron más recientemente a la OCDE fueron Colombia, en abril de 2020, y Costa Rica, en mayo de 2021. El 25 de enero de 2022, el Consejo decidió dar el primer paso en las conversaciones de adhesión con seis países candidatos a ser miembros de la OCDE: Argentina, Brasil, Bulgaria, Croacia, Perú y Rumanía. Es importante resaltar que los países y socios clave de la OCDE representan alrededor del 80 % del comercio y la inversión mundiales.

En cuanto a los temas cubiertos, además del capítulo sobre conceptos y principios (capítulo 1) y principios generales (capítulo 2), las Directrices cubren nueve temas principales: divulgación de información (capítulo 3), derechos humanos (capítulo 4), empleo y relaciones laborales (capítulo 5), medio ambiente (capítulo 6), cohecho y otras formas de corrupción (capítulo 7), intereses de los consumidores (capítulo 8), ciencia, tecnología e innovación (capítulo 9), competencia (capítulo 10) y cuestiones tributarias (capítulo 11). Como puede verse, las Directrices se refieren a una amplia gama de cuestiones y temas.

En relación con el tipo de empresas a las que se refieren las Directrices, debemos enfatizar que no existe una definición específica de empresa. Sin embargo, las Directrices hacen ciertas aclaraciones, que incluyen:

- Empresas que operan en todos los sectores de la economía;

- Normalmente esto podría incluir empresas u otras entidades establecidas en más de un país (aunque no necesariamente);

- La propiedad podrá ser privada, estatal o mixta. Sin embargo, los de propiedad estatal requerirán un estándar de conducta mucho más alto;

- Incluye también todas las entidades dentro de la empresa multinacional (es decir, las empresas matrices y las entidades locales);

- Según las Directrices, no debería haber diferencias de trato entre empresas multinacionales y nacionales porque las Directrices reflejan buenas prácticas para todas ellas. En consecuencia, las empresas multinacionales y nacionales están sujetas a las mismas expectativas con respecto a su conducta.

- Luego, si bien se reconoce que las pequeñas y medianas empresas pueden no tener las mismas capacidades que las empresas más grandes, los gobiernos que se adhieren a las Directrices las alientan a observar las recomendaciones de las Directrices en la mayor medida posible.

Las Directrices han sido objeto de revisión en 2000, 2011 y 2023. Respecto de la revisión de 2000, se incluyeron cambios y ajustes que reforzaron los elementos económicos, sociales y ambientales de la agenda de desarrollo sostenible. Se agregaron recomendaciones sobre la eliminación del trabajo infantil y el trabajo forzoso, por lo que se intentaron cubrir todas las normas laborales fundamentales reconocidas internacionalmente. Se añadieron nuevos capítulos sobre la lucha contra la corrupción y la protección del consumidor. El capítulo sobre divulgación y transparencia se actualizó para reflejar los Principios de Gobierno Corporativo de la OCDE y fomentar la responsabilidad social y ambiental. Por otro lado, la revisión de las Directrices también encargó a los Puntos Nacionales de Contacto (PNC) la gestión de quejas sobre presuntas violaciones de las Directrices, sobre la cual hablaremos en los próximos epígrafes. Los PNC, organismos constituidos por los gobiernos de los países adherentes con el fin de promover e implementar las Directrices, ayudan a las empresas y a las partes interesadas a tomar las medidas adecuadas para impulsar la aplicación de las Directrices. También constituyen una plataforma de mediación y conciliación para resolver los problemas prácticos y quejas que puedan plantearse.

En cuanto a la revisión de 2011, se introdujeron cambios sustantivos, como un nuevo capítulo sobre derechos humanos, para alinear las Directrices con los Principios Rectores sobre Empresas y Derechos Humanos; un enfoque nuevo y amplio en relación con el principio de la debida diligencia y con la gestión responsable de la cadena de suministro; así como cambios sustanciales en numerosos capítulos especializados, tales como Empleo y relaciones laborales; Lucha contra la corrupción, las peticiones de soborno y otras formas de extorsión; Medio ambiente; Intereses de los consumidores; Divulgación de información y Cuestiones tributarias.

Finalmente, la versión de 2023 de las Líneas Directrices proporciona recomendaciones actualizadas para la conducta empresarial responsable en áreas clave, como el cambio climático, la biodiversidad, la tecnología, la integridad empresarial y la debida diligencia en las cadenas de suministro, así como procedimientos de implementación actualizados para los Puntos Nacionales de Contacto para la Conducta Empresarial Responsable. Asimismo, las Directrices se titulan ahora «Líneas Directrices de la OCDE para Empresas Multinacionales sobre Conducta Empresarial Responsable».

Hay que destacar el papel fundamental que juegan los PNC. Según este sistema, todos los estados adherentes deben establecer un PNC a nivel nacional, de este modo existen 51 PNC. Las potenciales víctimas de abusos cometidos por empresas multinacionales en uno de estos países adherentes pueden presentar denuncias o quejas según el llamado «procedimiento de instancias específicas». En este procedimiento, el PNC juega un papel mediador entre las distintas partes y actores involucrados para resolver un conflicto conforme a derecho.

El procedimiento consta de tres fases principales: evaluación inicial, buenos oficios y conclusión. Sólo en algunos casos se da seguimiento a las recomendaciones brindadas *(follow-up pase)*.

a) Existe una primera evaluación inicial, donde el PNC analiza si el caso requiere un examen más detallado donde se analizará el fondo del asunto.

b) Después viene la fase de buenos oficios, donde el PNC facilita el diálogo, la conciliación o la mediación.

c) Y como último paso, el PNC emite una declaración que incluye las conclusiones y el resultado de la mediación. Esta declaración podría incluir recomendaciones en relación con la implementación de las Directrices, así como una determinación sobre si se ha producido una infracción por parte de la empresa o no.

d) Sólo en ciertos casos se realiza un seguimiento de la implementación del acuerdo, ya que esta fase no es obligatoria.

Desde su adopción, los PNC han tratado más de 650 casos en más de 100 países y territorios. Los temas predominantes han sido los derechos humanos (planteados en el 51 % de los casos desde 2011), los principios generales, incluida la debida diligencia (en el 49 % de los casos), y el empleo y las relaciones laborales (en el 37 % de los casos). En cuanto a los sectores industriales implicados, los casos se referían más prominentemente a la industria manufacturera; minas y canteras; y actividades financieras y de seguros.

El problema de los PNC es que sus conclusiones y recomendaciones no pueden ser ejecutadas como ocurre con los procedimientos judiciales, ya que se trata de un mecanismo de mediación y por tanto dependerá de la buena fe de las empresas a la hora de implementar dichas recomendaciones. Además, al ser un procedimiento de mediación o conciliación, esto es, consensual, no se puede obligar a las partes a aceptar la mediación o a mantenerse en la misma, ya que éstas pueden desistir en cualquier momento del proceso.

En cuanto a sus aspectos positivos, hay que destacar que constituye un mecanismo accesible y asequible para las partes ya que cualquier individuo u organización con un interés legítimo en el asunto puede presentar un caso ante un PNC. Además, presentar un caso ante un PNC es gratuito y no se requiere asistencia jurídica,

Además de las Líneas Directrices, la OCDE ha adoptado guías sectoriales sobre conducta empresarial responsable como, por ejemplo, la Guía de Debida Diligencia de la OCDE para Cadenas de Suministro Responsables de Minerales en las Áreas de Conflicto o de Alto Riesgo (2016); Guía OCDE-FAO para las cadenas de suministro responsable en el sector agrícola (2016); la Guía sobre Inversionistas Institucionales y la Conducta Empresarial Responsable (2017); o la Guía de la OCDE de Debida Diligencia para una Conducta Empresarial Responsable (2018).

2.4. Los Principios Rectores de la ONU sobre las empresas y los derechos humanos

Como se indicaba anteriormente, existió un intento fallido de adoptar en 2003 un instrumento vinculante sobre empresas y derechos humanos, a través del llamado Proyecto de Normas sobre las Responsabilidades de las Empresas Transnacionales y Otras Empresas Comerciales en Materia de Derechos Humanos. El Proyecto de normas intentaba abordar la insuficiencia del enfoque tradicional centrado en el Estado para regular el comportamiento empresarial en la era de la globalización. Fue redactado después de 4 años de consultas. Sin embargo, aunque las organizaciones de la sociedad civil respaldaron firmemente las Normas, la reacción de las empresas fue en gran medida hostil y muchos gobiernos también se sintieron incómodos con el documento.

En 2005, la Comisión de Derechos Humanos de la ONU solicitó al Secretario General de la ONU que nombrara un representante especial para empresas y derechos humanos. El Secretario General Kofi Annan nombró al Profesor John Ruggie de la Universidad de Harvard como Representante Especial. El profesor Ruggie llevó a cabo extensas investigaciones y consultas con expertos y representantes de gobiernos, empresas y sociedad civil en varias regiones del mundo.

En 2008, el profesor Ruggie propuso al Consejo de Derechos Humanos de la ONU, el cual reemplazaba a la Comisión, un marco de políticas para la gestión de las empresas y los derechos humanos basado en tres pilares: el deber del Estado de proteger frente a abusos de los derechos humanos cometidos por parte de terceros, incluidas las empresas (Pilar I); la responsabilidad de las empresas de respetar los derechos humanos (Pilar II); y el acceso de las víctimas a un recurso efectivo, judicial y/o extrajudicial (Pilar III). El Consejo de Derechos Humanos dio la bienvenida al marco por consenso y encargó a Ruggie que hiciera recomendaciones sobre formas de poner en práctica y fortalecer dicho marco. El Representante Especial propuso los llamados Principios Rectores sobre Empresas y Derechos Humanos, el cual fue aprobado por consenso por el Consejo en 2011.

Los Principios Rectores sobre las Empresas y los Derechos Humanos de las Naciones Unidas

Pacto Global
Red Colombia

Proteger: el deber de los Estados de proteger los derechos humanos.

Respetar: la responsabilidad de las empresas de respetar los derechos humanos.

Remediar: la responsabilidad de los Estados y las empresas de contar con acceso a los mecanismos de reparación.

Fuente: Pacto Global Red Colombia

Por tanto, como fue indicado en el Tema 1, los Principios Rectores señalan deberes y responsabilidades diferenciados pero complementarios de los Estados y las empresas, los cuales se estructuran en torno a tres pilares:

- Pilar I: El deber del Estado de proteger los derechos humanos que reafirma las obligaciones estatales existentes en virtud del derecho internacional de los derechos humanos de proteger a las personas que se encuentran en su territorio o bajo su jurisdicción contra las violaciones de derechos humanos cometidas por terceros, incluidas las empresas.

- Pilar II: La responsabilidad de las empresas de respetar los derechos humanos que establece la necesidad de que las empresas adopten medidas adecuadas para evitar infringir los derechos humanos de las personas a través de sus propias actividades y de sus relaciones comerciales.

- Pilar III: Acceso a mecanismos de reparación - que aclara el papel de los Estados y las empresas para garantizar que aquellos cuyos derechos humanos se han visto afectados por actividades empresariales puedan acceder a mecanismos de reparación eficaces.

Los Principios Rectores subrayan que las empresas pueden tener un impacto sobre prácticamente todo el espectro de derechos humanos internacionalmente reconocidos. La responsabilidad de las empresas de respetar, establecida en el segundo Pilar, se refiere a todos los derechos humanos reconocidos internacionalmente que abarcan, como mínimo, los derechos recogidos en la Carta Internacional de Derechos Humanos y los principios relativos a los derechos fundamentales establecidos en la Declaración de la Organización Internacional del Trabajo relativa a los principios y derechos fundamentales en el trabajo. La responsabilidad de las empresas de respetar los derechos humanos existe «más allá del cumplimiento de las leyes y reglamentos nacionales que protegen los derechos humanos» y es independiente de la capacidad o voluntad de los Estados de cumplir sus propias obligaciones en materia de derechos humanos.

Además, los Principios Rectores establecen que las empresas deben considerar estándares adicionales y prestar especial atención a los derechos humanos de las personas pertenecientes a grupos o poblaciones que son particularmente vulnerables (como por ejemplo, los pueblos indígenas, las mujeres, las minorías nacionales, étnicas, religiosas y lingüísticas, los niños/as, las personas con discapacidad y los trabajadores migrantes y sus familias) allí donde puedan tener impactos adversos sobre los derechos humanos. Estos tres pilares se abordarán en profundidad en los siguientes Temas 3, 4 y 5. También se examinarán los llamados Planes de Acción Nacional sobre Empresas y Derechos Humanos que vienen a traducir o trasponer los Principios Rectores a nivel nacional.

2.5. Conclusión

Desde finales de los años 70 hasta mediados de los años 2000, se han desarrollado estándares globales en materia de empresas y derechos humanos. El Pacto Mundial de la ONU y las Líneas Directrices de la OCDE sobre Empresas Multinacionales representan los primeros pasos en el camino. En una segunda fase, hay que destacar la adopción de los Principios Rectores de la ONU sobre Empresas y Derechos Humanos. Al igual que los anteriores documentos, los Principios Rectores son un instrumento de *soft law* que no crea obligaciones jurídicamente vinculantes para los Estados ni para las empresas, sino que proporciona orientaciones. Sin embargo, éstos han tenido una gran influencia y muchos Estados y empresas se han comprometido a su aplicación e implementación. Asimismo, los Principios Rectores han sido implementados a nivel nacional a través de los llamados Planes de Acción Nacional sobre Empresas y Derechos Humanos, estrategias políticas en evolución desarrolladas por los Estados para proteger contra las consecuencias negativas de las empresas sobre los derechos humanos. De esta forma, podemos decir que los Principios Rectores representan un marco autorizado y reconocido mundialmente sobre empresas y derechos humanos que debe servir de base para la adopción de otros instrumentos a nivel nacional, regional y global.

2.6. Bibliografía

Carmen MÁRQUEZ CARRASCO e Inmaculada VIVAS TESÓN (coord.) *La implementación de los Principios Rectores de las Naciones Unidas sobre Empresas y Derechos Hu-*

manos por la Unión Europea y sus Estados Miembros (Thomson Reuters Aranzadi, 2017).

Silvia FERNÁNDEZ MARTÍNEZ, «Las Líneas Directrices de la OCDE para las Empresas Multinacionales y su Puesta en Práctica por los Puntos Nacionales de Contacto» in *Lex Social: Revista de los Derechos Sociales*, 10 (2) (2020) 101-129 disponible en https://www.upo.es/revistas/index.php/lex_social/article/view/5066

DOCUMENTOS:

Guía de Debida Diligencia de la OCDE para Cadenas de Suministro Responsables de Minerales en las Áreas de Conflicto o de Alto Riesgo (2016): https://mneguidelines.oecd.org/mining.htm

Guía OCDE-FAO para las cadenas de suministro responsable en el sector agrícola (2016): https://mneguidelines.oecd.org/rbc-agriculture-supply-chains.htm

Guía sobre Inversionistas Institucionales y la Conducta Empresarial Responsable (2017): https://mneguidelines.oecd.org/los-inversionistas-institucionales-y-la-conducta-empresarial-responsable.pdf

Guía de la OCDE de Debida Diligencia para una Conducta Empresarial Responsable (2018): https://www.oecd.org/investment/due-diligence-guidance-for-responsible-business-conduct.htm

Líneas Directrices de la OECD para Empresas Multinacionales sobre Conducta Empresarial Responsable (2023): https://www.oecd.org/publications/lineas-directrices-de-la-ocde-para-empresas-multinacionales-sobre-conducta-empresarial-responsable-7abea681-es.htm

Principios Rectores de la ONU sobre Empresas y Derechos Humanos (2011): https://www.ohchr.org/sites/default/files/documents/publications/guidingprinciplesbusinesshr_sp.pdf

WEBS DE INTERÉS:

BASE DE DATOS DE LAS INSTANCIAS ESPECÍFICAS DE LOS PNC: https://mneguidelines.oecd.org/database/

PACTO MUNDIAL DE LA ONU: https://unglobalcompact.org/#

TEMA 3
EL PILAR I DE LOS PRINCIPIOS RECTORES: EL DEBER DEL ESTADO DE PROTEGER

3.1. Introducción y objetivos generales

En junio de 2011, el Consejo de Derechos Humanos adoptó por unanimidad los Principios Rectores sobre Empresas y Derechos Humanos («Principios Rectores» en adelante), los cuales se convirtieron en las primeras directrices en materia de empresas y derechos humanos a nivel de las Naciones Unidas dirigidas tanto a Estados como corporaciones. Los Principios Rectores se aplican a todos los Estados y a todas las empresas, tanto transnacionales como de otro tipo, con independencia de su tamaño, sector, ubicación, propietarios y estructura. En este tema se abordará el Pilar I relativo al deber del Estado de proteger y prevenir abusos por parte de terceros.

Los objetivos de este tema son:

- Examinar el primer pilar de los Principios Rectores de la ONU sobre Empresas y Derechos Humanos con respecto a los deberes del Estado de proteger.

- Analizar las obligaciones específicas de las empresas estatales o con participación estatal en materia de derechos humanos.

- Estudiar los mecanismos por los cuales los Estados deben establecer la coherencia entre políticas públicas relacionadas con las empresas y los derechos humanos.

El Pilar I de los Principios Rectores de la ONU sobre Empresas y Derechos Humanos reafirma las obligaciones existentes de los Estados en materia de derechos humanos. Los Estados deben proteger contra los abusos causados por terceros en su territorio y jurisdicción, incluyendo las empresas. Esto también puede implicar la adopción de medidas con carácter extraterritorial. Además, las empresas estatales o con participación estatal tienen un mayor grado de responsabilidad por su conexión con el Estado. Por último, a la hora de establecer medidas en materia de empresas y derechos humanos, los Estados deben asegurar la coherencia política nacional y promover que todos los departamentos y organismos gubernamentales sean conscientes de las obligaciones de derechos humanos del Estado en esta materia.

3.2. Obligaciones del Estado y prevención de abusos por parte de las empresas

Los Principios Rectores reafirman que los Estados tienen, según el derecho internacional, el deber de proteger los derechos humanos, que incluye la obligación de proteger contra los impactos adversos sobre los derechos humanos relacionados con la actividad empresarial dentro de su territorio y jurisdicción a través de políticas, regulaciones y acceso a la justicia, de acuerdo con sus obligaciones existentes en materia de derechos humanos. Además, el Principio Rector 2 especifica que «Los Estados deben enunciar claramente que se espera de todas las empresas domiciliadas en su territorio y/o jurisdicción que respeten los derechos humanos en todas sus actividades».

Hay que aclarar que el deber de protección del Estado es una norma de conducta, esto quiere decir que los Estados no son directamente responsables de las violaciones de los derechos humanos cometidas por agentes privados. No obstante, pueden incumplir sus obligaciones internacionales de derechos humanos cuando no adopten las medidas adecuadas para prevenir, investigar, castigar y reparar los abusos cometidos por dichos agentes privados. Esto se basa en sus obligaciones positivas de proteger y promover los derechos humanos, no en meras obligaciones de abstención.

En cuanto al ámbito de aplicación, en principio las normas de derechos humanos no exigen generalmente que los Estados regulen las actividades extraterritoriales de las empresas domiciliadas en su territorio y/o su jurisdicción, aunque tampoco se prohíbe. Por ello, los Principios Rectores recomiendan que los Estados de origen indiquen claramente que las empresas deben respetar los derechos humanos no sólo en su territorio y jurisdicción, sino también en el extranjero, sobre todo si los Estados tienen participación en dichas empresas o les dan cualquier tipo de apoyo. Esto puede llevarse a cabo de diversas formas. Una de ellas sería el establecimiento de medidas nacionales con implicaciones extraterritoriales, por ejemplo, los requisitos de que las empresas matrices informen de las operaciones de la empresa a nivel mundial; o la aplicación de normas que apoyen inversiones en el exterior y requieran ciertos estándares de conducta. Por otro lado, puede haber legislación de carácter extrajudicial donde se incluirían las leyes penales ya que éstas permitirían juzgar a los presuntos responsables sobre la base de su nacionalidad, aunque el delito se haya cometido en otro lugar.

Como se indica, la obligación de proteger implica el establecimiento y la adopción de medidas legislativas y reglamentarias que regulen la conducta de las empresas de conformidad con los derechos humanos. Por tanto, de acuerdo con el Principio Rector 3, esto requiere cuatro acciones principales:

a) «Hacer cumplir las leyes que tengan por objeto o por efecto hacer respetar los derechos humanos a las empresas, evaluar periódicamente si tales leyes resultan adecuadas y remediar eventuales carencias»;

b) «Asegurar que otras leyes y normas que rigen la creación y las actividades de las empresas, como el derecho mercantil, no restrinjan, sino que propicien el respeto de los derechos humanos por las empresas»;

c) «Asesorar de manera eficaz a las empresas sobre cómo respetar los derechos humanos en sus actividades»;

d) «Alentar y si es preciso exigir a las empresas que expliquen cómo tienen en cuenta el impacto de sus actividades sobre los derechos humanos».

En cuanto a las leyes que tengan por objeto hacer respetar los derechos humanos a las empresas, tenemos que hacer referencia aquí a las recientes leyes de diligencia debida obligatoria que serán estudiadas en los siguientes temas. Entre los mecanismos actuales para asegurar el cumplimiento de los derechos humanos por parte de las empresas destacan las llamadas leyes de diligencia debida que han sido aprobadas en países como Francia, Alemania o Noruega, a través de las cuales las grandes empresas deben implementar procesos para identificar, prevenir, mitigar y dar cuenta de cómo abordan los impactos negativos, reales y potenciales, sobre los derechos humanos en los que pueden estar involucradas.

Por otro lado, los Principios Rectores señalan la necesidad de que las leyes y políticas que regulan la creación de empresas y las actividades empresariales, como las leyes mercantiles y de valores, determinen claramente el comportamiento de las empresas ya que sus repercusiones sobre los derechos humanos siguen siendo mal conocidas. Este punto también está relacionado con la coherencia política y es que la legislación mercantil debería armonizarse para ofrecer orientación a las empresas en el respeto a los derechos humanos.

También debemos tener en cuenta la comunicación por parte de las empresas de las medidas que adoptan para tener en cuenta el impacto de sus actividades sobre los derechos humanos y el medio ambiente. Esto puede hacerse de diversas formas, como la adopción de compromisos informales con los afectados o la publicación de informes oficiales. En cuanto a la publicación de informes oficiales, a nivel de la Unión Europea existe ya legislación que obliga a las empresas a informar sobre cuestiones sociales y medioambientales, como la actual Directiva sobre información corporativa en materia de sostenibilidad (CSRD por sus siglas en inglés) adoptada en 2022 de la cual se tratará en el siguiente tema.

Otro punto relevante es el de las empresas que operan en situaciones de conflicto armado ya que en tales escenarios existe un mayor riesgo de contribuir o verse implicadas en graves vulneraciones a los derechos humanos, incluso crímenes internacionales. De acuerdo con el Principio Rector 7, los Estados deben ayudar a las empresas «a determinar, prevenir y mitigar los riesgos que entrañen sus actividades y relaciones empresariales para los derechos humanos» en la fase más temprana posible. En sentido negativo, esto implica que los Estados deben «negar el acceso al apoyo y servicios públicos a toda empresa que esté implicada en graves violaciones de los derechos humanos y se niegue a cooperar para resolver la situación» (Principio Rector 7).

Finalmente, en cuanto a la adopción de políticas, planes y legislación sobre empresas y derechos humanos resulta imprescindible hablar de los Planes de Acción Nacional sobre Empresas y Derechos Humanos. Se trata de una herramienta crucial para que los Estados cumplan con sus obligaciones en materia de derechos humanos a nivel internacional, regional y nacional. Más específicamente, los Planes de Acción Nacional sobre empresas y derechos humanos pueden definirse como una «estrategia política en evolución desarrollada por un Estado para proteger contra los impactos adversos sobre los derechos humanos por parte de empresas comerciales de conformidad con los Principios Rectores de las Naciones Unidas sobre Empresas y Derechos Humanos» (Grupo de Trabajo de la ONU sobre Empresas y Derechos Humanos, 2016). Varias instituciones, como el Consejo de Derechos Humanos de la ONU, el Consejo de Europa, y el Grupo de Trabajo de las Naciones Unidas sobre Empresas y Derechos Humanos han llamado la atención sobre la urgencia de que los Estados desarrollen, promulguen y actualicen sus Planes de Acción Nacional de conformidad con los Principios Rectores. Las medidas mencionadas anteriormente como la adopción y actualización de legislación, la comunicación de impactos a través de informes oficiales o el asesoramiento a empresas deberían incluirse en dichos planes para establecer la hoja de ruta de los Estados en dicha materia. Normalmente los Planes de Acción Nacional siguen la estructura de los Principios Rectores, dividiendo el texto en los tres pilares. Asimismo, los Planes de Acción Nacional se adoptan por un período de tiempo concreto y deben renovarse o actualizarse progresivamente.

Actualmente, 30 Estados han adoptado y publicado sus Planes de Acción Nacional, si bien muchos de ellos no han procedido a renovarlos. Además, 18 Estados están en proceso de elaborar dichos planes y hay otros 9 países en los que se están desarrollando otras iniciativas no estatales.

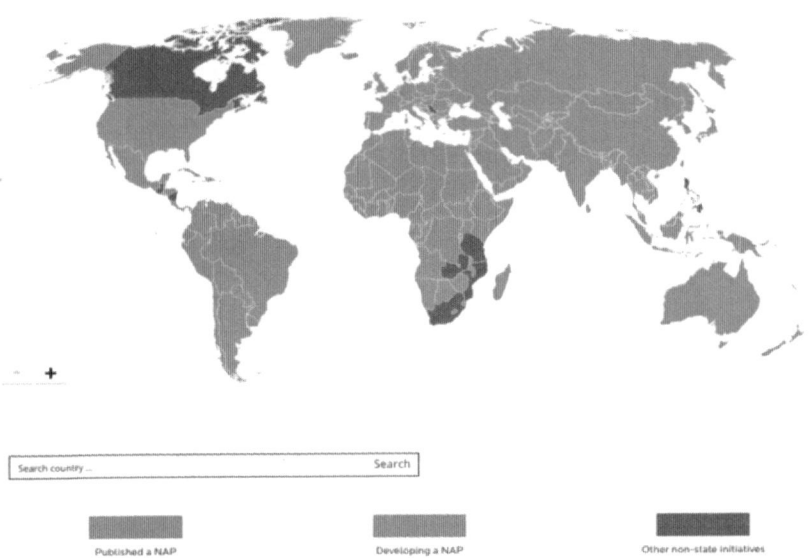

Search country ... Search

Published a NAP   Developing a NAP   Other non-state initiatives

Fuente: Instituto Danés de Derechos Humanos, Global NAPs, 2023

3.3. Empresas estatales y contratación pública

Los Principios Rectores se refieren a las empresas de propiedad estatal (que son entidades creadas por el Estado para participar en actividades comerciales en nombre del gobierno, siendo total o parcialmente propiedad del mismo) y a las ayudas estatales (que se refieren a ventajas concedidas por el gobierno que pueden dar a las empresas una ventaja competitiva sobre sus rivales). En concreto, las ayudas y los subsidios estatales pueden otorgarse de diversas maneras, incluida la concesión de subvenciones, desgravaciones fiscales y de intereses, y la compra de bienes y servicios en condiciones preferenciales. Cuanto más próxima del Estado se encuentre una empresa o más dependa de un organismo público o del apoyo del contribuyente, más se justifica que el Estado asegure que respeta los derechos humanos. Por ello, de acuerdo con el Principio Rector 4:

«Los Estados deben adoptar medidas adicionales de protección contra las violaciones de derechos humanos cometidas por empresas de su propiedad o bajo su control, o que reciban importantes apoyos y servicios de organismos estatales, como los organismos oficiales de crédito a la exportación y los organismos oficiales de seguros o de garantía de las inversiones, exigiendo en su caso, la debida diligencia en materia de derechos humanos».

Como afirma el Grupo de Trabajo de las Naciones Unidas sobre Empresas y Derechos Humanos (2019), «las empresas estatales deben integrar plenamente el compromiso de respetar los derechos humanos en los marcos políticos y en todas sus operaciones y estructuras de gobierno». Cuando una empresa comercial está más cerca de la autoridad del Estado o del apoyo de los contribuyentes, la política del Estado debería ser aún más fuerte a la hora de velar porque se respeten los derechos humanos. Hay que tener en cuenta que este tipo de actividad de apoyo podría beneficiar potencialmente a empresas que, a través de sus operaciones, podrían estar involucradas directa o indirectamente en abusos de los derechos humanos.

Diversas entidades vinculadas al Estado pueden prestar apoyo o servicios a las actividades empresariales, como los organismos oficiales de crédito a la exportación, los organismos oficiales de seguros de inversiones o de garantía de inversiones, los organismos de desarrollo o de instituciones financieras de desarrollo. Dichos organismos deben plantearse las consecuencias negativas, reales o potenciales, sobre los derechos humanos de las actividades de las empresas beneficiarias. Por ello, los Estados deben alentar y si es preciso exigir la debida diligencia en materia de derechos humanos a los propios organismos y a las empresas o proyectos empresariales que reciban su apoyo.

Asimismo, como indica el Principio Rector 5, «Los Estados deben ejercer una supervisión adecuada con vistas a cumplir sus obligaciones internacionales de derechos humanos cuando contratan los servicios de empresas, o promulgan leyes a tal fin, que puedan tener un impacto sobre el disfrute de los derechos humanos».

Por tanto, el Estado debe asegurarse de que las empresas que prestan esos servicios cumplan las obligaciones de derechos humanos, ya que en caso contrario las consecuencias pueden ser perjudiciales para la reputación del propio Estado e incluso traerle problemas legales que impliquen su responsabilidad internacional. Es necesario que los contratos de prestación de servicios o la legislación que habilite esa prestación establezca cláusulas por las que se espera que esas empresas respeten los derechos humanos.

En resumen, las ayudas y los subsidios estatales deberían depender del respeto de los derechos humanos, exigiendo a las empresas que demuestren conocimiento y compromiso con los Principios Rectores como requisito previo para recibir apoyo estatal y beneficios relacionados con el comercio y la promoción de la exportación. Además, siempre que sea posible, se deben considerar los indicadores y requisitos sociales, ambientales y otros indicadores no financieros relacionados con el beneficiario y los subcontratistas del beneficiario en los acuerdos de subvención, de conformidad con los Enfoques Comunes de la OCDE para los Créditos a la Exportación con Apoyo Oficial y la Diligencia Debida en materia Medioambiental y de Derechos Humanos. Los Enfoques Comunes son un instrumento internacional que recomienda a los organismos de crédito a la exportación un conjunto de normas y medidas para abordar las consecuencias sociales y medioambientales de los proyectos y actividades que reciben apoyo oficial.

En este sentido, los Planes de Acción Nacional deberían incluir medidas adicionales que se deben tomar para protegerse contra violaciones de derechos humanos por parte de empresas que están bajo su propiedad, ya sea con control total o parcial, o que reciben apoyo y servicios significativos de organizaciones estatales.

3.4. La coherencia entre políticas públicas

La coherencia de las políticas es esencial para garantizar que el Estado, los departamentos y agencias gubernamentales que influyen en las prácticas comerciales se adhieren a las mismas políticas y actúan de acuerdo con las obligaciones internacionales del Estado en materia de derechos humanos. Por ello el Principio Rector 8 indica que:

«Los Estados deben asegurar que los departamentos y organismos gubernamentales y otras instituciones estatales que configuran las prácticas empresariales sean conscientes de las obligaciones de derechos humanos del Estado y las respeten en el desempeño de sus respectivos mandatos, en particular ofreciéndoles la información, la capacitación y el apoyo pertinentes».

Los ejemplos de daños causados por las brechas e inconsistencias en la implementación y cumplimiento de políticas y marcos legales relevantes son innumerables, e incluyen abusos relacionados con el trabajo, discriminación, daños ambientales, desalojos forzosos y violaciones de los derechos a la tierra, e intimidación de los defensores de los derechos humanos. Las lagunas regulatorias suelen ir acompañadas de la falta de orientación operativa en los departamentos y agencias estatales que dan forma a las prácticas comerciales o interactúan con las empresas, así como en las entidades de propiedad del Estado. En este sentido, como destacó el Grupo de Trabajo de la ONU sobre Empresas y derechos Humanos (2019):

«Todas las instituciones que dan forma a la conducta empresarial —por ejemplo, los departamentos responsables del empleo y las condiciones laborales, el registro de empresas, la promoción de las exportaciones, el comercio internacional, la protección ambiental y las agencias estatales de crédito a las exportaciones, aunque son muy diferentes en sus mandatos, todos deben conocer y observar las obligaciones de derechos humanos del Estado con respecto a la protección contra el impacto negativo de las actividades empresariales—».

Existen una serie de razones por las que los gobiernos deberían fortalecer la coherencia de las políticas. En primer lugar, en virtud de una obligación jurídica, el Estado tiene el deber de proteger contra los abusos a los derechos humanos. La coherencia de las políticas es fundamental para hacer operativa esta obligación y convertirla en una protección real, garantizando que los departamentos y agencias del Estado y del gobierno —tanto a nivel nacional como subnacional— que dan forma a las prácticas comerciales sean conscientes de las obligaciones internacionales de derechos humanos del Estado y estén equipadas para actuar de conformidad con ellas. Otra razón tiene que ver con predicar con el ejemplo. La coherencia de las políticas es un elemento esencial para garantizar que el Estado dé el ejemplo en su papel como actor económico, incluso como comprador, propietario, inversionista y promotor comercial, y una medida esencial para fortalecer la prevención de abusos de derechos humanos relacionados con las empresas. Finalmente, la coherencia de las políticas también es esencial para la previsibilidad y credibilidad de las comunicaciones externas del gobierno sobre las políticas nacionales sobre empresas y derechos humanos. Las empresas se beneficiarán de tener información clara e inequívoca de lo que el gobierno espera de las empresas en todas sus operaciones dentro y fuera de las fronteras, proporcionando previsibilidad y credibilidad en todas las partes del gobierno.

En 2019, el Grupo de Trabajo de la ONU sobre Empresas y Derechos Humanos sugirió una serie de medidas con el fin de traducir el concepto de coherencia política en acciones gubernamentales concretas para proteger a sus ciudadanos contra los abusos de los derechos humanos por parte de las empresas, que incluyen apoyo político, compromiso y liderazgo de alto nivel, así como una participación significativa de todas las entidades gubernamentales desde el principio. En su Orientación sobre los Planes de Acción Nacional, el Grupo de Trabajo destaca la necesidad de «establecer un formato para la coordinación y comunicación regulatoria entre entidades gubernamentales relevantes» y sugiere la creación de un grupo de trabajo formal interministerial o interdepartamental para el desarrollo de los Planes de Acción Nacional.

Por lo tanto, los Planes de Acción Nacional deben facilitar la coordinación y comunicación entre las entidades gubernamentales relevantes para incorporar sus aportes en el desarrollo y la implementación de dichos planes. Se recomienda que se establezca y reúna periódicamente un grupo asesor interdepartamental o un comité directivo durante todo el proceso de redacción e implementación de los Planes. En particular, se recomienda involucrar a las agencias ministeriales responsables del comercio, la economía, el medio ambiente, las finanzas y los derechos humanos, así como a las empresas estatales, para garantizar un enfoque holístico de la coherencia de las políticas. Por último, se recomienda que los Planes de Acción Nacional incluyan medidas para garantizar que estas entidades conozcan y respeten los compromisos del Estado en materia de derechos humanos en el desempeño de sus diversas misiones y tareas, como por ejemplo brindándoles información, capacitación y apoyo pertinentes.

3.5. Conclusión

El deber del Estado de proteger los derechos humanos constituye una obligación de derecho internacional. Respecto a la actividad empresarial, este deber requiere que los Estados establezcan y adopten medidas legislativas y reglamentarias que regulen la conducta de las empresas de conformidad con los derechos humanos. El Estado puede llegar a ser responsable internacionalmente en caso de que no haya tomado las medidas necesarias para prevenir, investigar, castigar y reparar los abusos cometidos por dichos agentes privados. En el caso de las empresas estatales o con participación estatal está responsabilidad es mucho mayor por su vínculo directo con el Estado. Asimismo, a la hora de otorgar ayudas y subvenciones a empresas, deberá asegurarse de que estas respetan los derechos humanos. Finalmente, la coherencia entre las políticas públicas resulta esencial para asegurar una aplicación coherente y armonizada de los instrumentos en materia de empresas y derechos humanos.

3.6. Bibliografía

María del Carmen MÁRQUEZ CARRASCO (dir.), Daniel IGLESIAS MÁRQUEZ (coord.), Francisco Antonio DOMÍNGUEZ DÍAZ (coord.), *El I Plan de Acción Nacional sobre Empresas y Derechos Humanos en España: Evaluación, Seguimiento y Propuestas de Revisión* (Thomson Reuters Aranzadi, 2019).

Humberto CANTÚ RIVERA, «Planes de Acción Nacional sobre Empresas y Derechos Humanos: sobre la Instrumentalización del Derecho Internacional en el Ámbito Interno» en *Anuario Mexicano De Derecho Internacional*, 1(17) (2017) 113-144. https://doi.org/10.22201/iij.24487872e.2017.17.11033

DOCUMENTOS:

Directiva (UE) 2022/2464 del Parlamento Europeo y del Consejo de 14 de diciembre de 2022 por la que se modifican el Reglamento (UE) n.º 537/2014, la Directiva 2004/109/CE, la Directiva 2006/43/CE y la Directiva 2013/34/UE, por lo que respecta a la presentación de información sobre sostenibilidad por parte de las empresas: https://www.boe.es/buscar/doc.php?id=DOUE-L-2022-81871

Enfoques Comunes de la OCDE para los Créditos a la Exportación con Apoyo Oficial y la Diligencia Debida en materia Medioambiental y de Derechos Humanos (2024): https://one.oecd.org/document/TAD/ECG(2024)3/en/pdf

GRUPO DE TRABAJO DE LA ONU SOBRE EMPRESAS Y DERECHOS HUMANOS, *Orientación para los Planes de Acción Nacionales sobre las Empresas y los Derechos Humanos*, noviembre 2016: https://www.ohchr.org/en/documents/tools-and-resources/guidance-national-action-plans

GRUPO DE TRABAJO DE LA ONU SOBRE EMPRESAS Y DERECHOS HUMANOS, *Report of the Working Group on Business and Human Rights to the General Assembly - Policy coherence in government action to protect against business-related human rights abuses*, 20 julio 2019, A/74/198: https://www.ohchr.org/en/documents/thematic-reports/a74198-report-policy-coherence-government-action-protect-against

Principios Rectores de la ONU sobre Empresas y Derechos Humanos (2011): https://www.ohchr.org/sites/default/files/documents/publications/guidingprinciplesbusinesshr_sp.pdf

WEBS DE INTERÉS:

INSTITUTO DANÉS DE DERECHOS HUMANOS, *Global NAPs*: https://globalnaps.org/

GRUPO DE TRABAJO DE LA ONU SOBRE EMPRESAS Y DERECHOS HUMANOS, *Planes de Acción Nacional*: https://www.ohchr.org/en/special-procedures/wg-business/national-action-plans-business-and-human-rights

TEMA 4

EL PILAR II DE LOS PRINCIPIOS RECTORES: LA RESPONSABILIDAD CORPORATIVA DE RESPETAR

4.1. Introducción y objetivos generales

La responsabilidad de respetar los derechos humanos constituye una norma de conducta mundial aplicable a todas las empresas, dondequiera que operen e independientemente de su tamaño, sector, contexto operacional, propiedad y estructura. Como ya indicamos anteriormente, dicha responsabilidad existe con independencia de la capacidad y/o voluntad de los Estados de cumplir sus propias obligaciones de derechos humanos y no reduce esas obligaciones. Por otro lado, se trata de una responsabilidad adicional a la de cumplir las leyes y normas nacionales de protección de los derechos humanos.

En la práctica, las empresas pueden estar involucradas en abusos de los derechos humanos de diversas maneras, ya sea directamente, causando o contribuyendo a impactos adversos sobre los derechos humanos a través de sus propias actividades, o bien a través de una relación comercial, al estar directamente vinculadas a sus operaciones, productos o servicios. Las actividades de una empresa incluyen tanto sus acciones como sus omisiones; y sus relaciones comerciales abarcan las relaciones con socios comerciales, entidades de su cadena de valor y cualquier otra entidad no estatal o estatal directamente relacionada con sus operaciones comerciales, productos o servicios.

De acuerdo con el segundo pilar de los Principios Rectores de la ONU sobre empresas y derechos humanos, la responsabilidad de respetar los derechos humanos exige que las empresas lleven a cabo dos tareas principales: a) evitar que sus propias actividades provoquen o contribuyan a provocar consecuencias negativas sobre los derechos humanos y hagan frente a esas consecuencias cuando se produzcan (deber negativo o de abstención); y b) tratar de prevenir o mitigar las consecuencias negativas sobre los derechos humanos directamente relacionadas con operaciones, productos o servicios prestados por sus relaciones comerciales, incluso cuando no hayan contribuido a generarlos (deber positivo o de prevención) (Principio Rector 13). Además, el Principio Rector 15 establece que:

«Para cumplir con su responsabilidad de respetar los derechos humanos, las empresas deben contar con políticas y procedimientos apropiados en función de su tamaño y circunstancias, a saber:
a) Un compromiso político de asumir su responsabilidad de respetar los derechos humanos;
b) Un proceso de diligencia debida en materia de derechos humanos para identificar, prevenir, mitigar y rendir cuentas de cómo abordan su impacto sobre los derechos humanos;
c) Unos procesos que permitan reparar todas las consecuencias negativas sobre los derechos humanos que hayan provocado o contribuido a provocar».

Los siguientes epígrafes abordarán estas tres cuestiones relativas a los compromisos de respetar los derechos humanos por parte de las empresas, así como las medidas de transparencia, la implementación de procesos de diligencia debida corporativa y los procesos internos de reclamación.

Los objetivos de este tema son:

- Examinar el segundo pilar de los Principios Rectores de la ONU sobre Empresas y Derechos Humanos con respecto a la responsabilidad de respetar de las empresas.

- Analizar las medidas de transparencia y presentación de informes por parte de las empresas.

- Comprender el concepto de debida diligencia como parte fundamental de la responsabilidad de respetar de las empresas, así como los posibles mecanismos internos de reclamación.

El Pilar II de los Principios Rectores de la ONU sobre Empresas y Derechos Humanos establece la responsabilidad de respetar los derechos humanos por parte de las empresas. Este debe implicar la necesidad de abstenerse en la contribución o creación de impactos adversos a los derechos humanos y el medio ambiente, así como en tomar medidas proactivas para prevenir posibles impactos, y en caso de que éstos se produzcan, mitigarlos y/o proporcionar mecanismos de reparación a las víctimas.

4.2. Políticas empresariales y medidas de transparencia

Existe una creciente demanda de mayor divulgación formal por parte de las empresas en relación a su desempeño en materia de derechos humanos, en particular, a la hora de informar sobre cómo sus actividades y operaciones pueden impactar los derechos humanos y el medio ambiente. Estas demandas proceden de diversos operadores socioeconómicos, entre ellos:

- Reguladores que requieren que las empresas informen sobre su desempeño en derechos humanos en sus informes anuales o informes de sostenibilidad.

- Inversores que exigen mayor transparencia para poder alinear sus estrategias de inversión socialmente responsable y debido a que aquellas empresas que plantean riesgos para los derechos humanos también pueden poner en riesgo su propio éxito.

- Consumidores que con más frecuencia usan información en relación a cómo las empresas abordan los impactos sobre los derechos humanos para tomar sus decisiones de compra.

- Otras partes interesadas, incluyendo comunidades que son impactadas, sindicatos y organizaciones de la sociedad civil que buscan mayor divulgación como condición para la concesión de una licencia social para operar, a riesgo de enfrentar graves daños a la reputación, perder oportunidades de negocio, o incluso hacer frente a posibles litigios.

En primer lugar, como indica el Principio Rector 15, las empresas deben adoptar «un compromiso político de asumir su responsabilidad de respetar los derechos humanos». Un compromiso político se refiere a una o más declaraciones públicas sobre las responsabilidades, compromisos o expectativas de la empresa relacionadas con el respeto de los derechos humanos en sus actividades y relaciones comerciales. El compromiso puede adoptar la forma de una política pública única e independiente sobre el respeto de los derechos humanos o incluirse en un documento más amplio como un código de ética o principios del negocio. De acuerdo con el Principio Rector 16, esa declaración política debe cumplir una serie de características: ser aprobada al más alto nivel directivo de la empresa; se base en un asesoramiento especializado interno y/o externo; establezca lo que la empresa espera, en relación con los derechos humanos, de su personal, sus socios y otras partes directamente vinculadas con sus operaciones, productos o servicios; sea pública y se difunda interna y externamente a todo el personal, los socios y otras partes interesadas; y quede reflejada en las políticas y los procedimientos operacionales necesarios para inculcar el compromiso asumido a nivel de toda la empresa.

Además de dichos compromisos, la publicación de informes anuales resulta esencial. En este sentido, los requisitos de transparencia y presentación de informes sobre los posibles impactos a los derechos humanos y el medio ambiente derivados de la actividad empresarial desempeñan un papel importante a la hora de demostrar que las empresas cumplen con su responsabilidad de respetar los derechos humanos. Exigir a todas las empresas, independientemente de su sector y tamaño, que emitan informes exhaustivos, transparentes e informativos sobre cómo están gestionando sus impactos en los derechos humanos y el medio ambiente, puede desempeñar un papel importante en su función de rendición de cuentas. Además, las medidas de transparencia y la presentación de informes permiten conocer las operaciones de las empresas y permiten a las organizaciones de la sociedad civil y a los defensores de los derechos humanos abogar por una mejor protección.

La experiencia demuestra que el deber del Estado de proteger los derechos humanos no puede cumplirse plenamente mediante directrices voluntarias y la autorregulación por parte de las empresas únicamente. Y así, en muchos países, la dependencia de los esfuerzos voluntarios de las empresas para dar cuenta de cómo abordan sus impactos ha sido seguida por mayores requisitos de divulgación obligatoria. Estas regulaciones tienden a centrarse en información no financiera general y/o cuestiones específicas de derechos humanos como la esclavitud moderna.

A nivel europeo, ya existen requisitos de transparencia como la Directiva de información no financiera de la UE de 2014, que exigía que determinadas grandes empresas revelaran cierta información sobre la forma en la que operan y gestionan cuestiones medioambientales, cuestiones sociales y trato a los empleados, respeto de los derechos humanos, y lucha contra la corrupción. Esta legislación ha sido ahora ampliada y sustituida por la Directiva sobre información corporativa en materia de sostenibilidad (CSRD por sus siglas en inglés) en 2022 que introduce obligaciones más detalladas sobre el impacto de las empresas en el medio ambiente, los derechos humanos y el ámbito social. A nivel nacional, cabe destacar la Ley de Esclavitud Moderna del Reino Unido de 2015, según la cual las grandes empresas que lleven a cabo sus negocios o parte de sus negocios en el Reino Unido deben publicar una declaración anual sobre las medidas que están tomando para garantizar que la esclavitud y el tráfico de personas no se produce en ninguna de sus cadenas de suministro ni en ninguna parte de su propio negocio.

Por otro lado, la Global Reporting Initiative enfatiza que «la presentación de informes debe ir más allá de establecer políticas y procesos generales u otras métricas cuantitativas genéricas». Informar sobre cómo se gestionan los riesgos requiere un ejercicio significativo por parte de las empresas comerciales que incluya ejemplos de cómo se aplican las políticas y procesos en la práctica y qué desafíos específicos han estado enfrentando. No obstante, el estudio de 2020 realizado por la Alianza para la Transparencia Corporativa reveló que:

> «Las divulgaciones de riesgos específicos se informaron con mayor frecuencia, pero ante la mejora en la especificidad de las divulgaciones de riesgos de las empresas, estas reflexiones estratégicas a menudo fueron vagas o genéricas».

Siguiendo las principales conclusiones del informe de la Global Reporting Initiative, las empresas deben «revelar cómo están gestionando sus impactos en los derechos humanos» de acuerdo con los requisitos de diligencia debida establecidos en los Principios Rectores. Estas obligaciones de presentación de informes deberían aplicarse a todas las empresas, incluidas las pequeñas y medianas empresas (PYMES) y las empresas estatales.

Un instrumento rector clave que podría mencionarse es el Marco para el Informe de los Principios Rectores de las Naciones Unidas (2015) que sirve como guía integral para que las empresas informen sobre cómo respetan los derechos humanos. Uno de los conceptos clave reflejado en este Marco es el concepto de «cuestiones destacadas de derechos humanos», ya que es en estos temas en los que la empresa centrará su informe. Las cuestiones destacadas de derechos humanos de la empresa son aquellos derechos humanos que corren el riesgo de recibir los impactos negativos más graves a través de sus actividades o de sus relaciones comerciales. Se entienden como más graves, aquellos impactos que serían mayores en términos de:

a) Su escala: la gravedad de las consecuencias para los derechos humanos; y/o

b) Su alcance: el número de personas que son afectadas o que podrían verse afectadas; y/o

c) Su remediabilidad: la facilidad para devolver a las personas afectadas a una situación igual o similar a la situación de disfrute de sus derechos antes de sufrir los daños.

Por otro lado, respecto a los Planes de Acción Nacional, se recomienda que los Estados incluyan «[la provisión de] incentivos para que las empresas aumenten y mejoren su presentación de informes sobre los impactos en los derechos humanos», así como el «apoyo a las empresas mediante la promoción de medidas de sensibilización y desarrollo de capacidades dirigidas a las empresas, asociaciones empresariales y otras partes interesadas clave» (Global Reporting Initiative).

4.3. Respetar y prevenir por parte de las empresas mediante la debida diligencia

El concepto de debida diligencia en materia de derechos humanos y medio ambiente, fundamental para el segundo pilar de los Principios Rectores, es una herramienta de gestión fundamental para que las empresas cumplan con su responsabilidad de respetar los derechos humanos. La debida diligencia en derechos humanos consiste en un proceso, o un conjunto de procesos, que todas las empresas deben implementar para identificar, prevenir, mitigar y dar cuenta de cómo abordan los impactos negativos reales y potenciales sobre los derechos humanos en los que pueden estar involucradas. Este proceso debe incluir cuatro pasos fundamentales:

1. Evaluación del impacto real y potencial de las actividades sobre los derechos humanos.

2. Integración de las conclusiones, y la actuación al respecto.

3. Seguimiento de las respuestas.

4. Comunicación de la forma en que se hace frente a las consecuencias negativas.

El ejercicio de la debida diligencia en materia de derechos humanos puede variar en función de una serie de factores, tales como:

– El tamaño de la empresa – normalmente los procesos serán más complejos en el caso de empresas más grandes que aquellos realizados por las micro y pequeñas empresas.

– Los riesgos de impactos graves sobre los derechos humanos – es posible una priorización basada en la gravedad de los riesgos para los derechos humanos.

– La naturaleza y el contexto de sus operaciones – debe ser específico del contexto.

Además, los procesos de debida diligencia son procesos continuos, que se realizan de forma periódica, no son un ejercicio aislado. Como indica el comentario del Principio Rector 17,

«El proceso de debida diligencia en materia de derechos humanos debe ponerse en marcha lo antes posible cuando se emprende una nueva actividad o se inicia una relación comercial, puesto que ya en la fase de preparación de los contratos u otros acuerdos pueden mitigarse o agravarse los riesgos para los derechos humanos, que también pueden heredarse a través de procesos de fusión o adquisición».

En cuanto al tipo de medidas a aplicar, a los impactos potenciales se debe responder con medidas de prevención o mitigación, mientras que los impactos reales, esto es, los que ya se han producido, deben ser remediados (Principio 22). También resulta fundamental entender que la debida diligencia en materia de derechos humanos no se limita a identificar y gestionar riesgos importantes para la propia empresa, sino que debe incluir los riesgos para los titulares de derechos y para el medio ambiente, por lo que no estamos hablando del tradicional concepto de diligencia debida del mundo corporativo.

Por otro lado, el ejercicio de la debida diligencia no sólo beneficia a los propios titulares de derechos, sino que debería reducir el riesgo de acciones judiciales contra las empresas, ya que les permite mostrar que tomaron todas las medidas razonables para evitar cualquier participación en una supuesta vulneración de los derechos humanos. Sin embargo, esto no quiere decir que de esta forma las empresas vayan a quedar automática y plenamente exentas de toda responsabilidad por provocar o contribuir a provocar violaciones de los derechos humanos.

El concepto de debida diligencia, sus elementos y aplicación práctica, así como los desarrollos normativos en la materia serán estudiados en profundidad en los Temas 6 y 7.

4.4. Mecanismos internos de reparación

De acuerdo con el Principio Rector 22, «si las empresas determinan que han provocado o contribuido a provocar consecuencias negativas deben repararlas o contribuir a su reparación por medios legítimos». A pesar de la puesta en práctica de procesos de diligencia debida, puede ocurrir que se produzcan consecuencias negativas sobre los derechos humanos y/o el medio ambiente derivadas de las actividades y operaciones empresariales, por lo que las empresas estarán obligadas a repararlas. A estos mecanismos internos se les denomina «mecanismos de reclamación de nivel operacional» (Principio Rector 29). Un mecanismo de reclamación de nivel operacional se define como un medio formalizado a través del cual individuos o grupos pueden plantear preocupaciones sobre el impacto que una empresa tiene sobre ellos (incluidos, entre otros, sus derechos humanos) y pueden solicitar reparación.

Los mecanismos de reclamación de nivel operacional desempeñan tres funciones principales en relación con la responsabilidad de las empresas de respetar los derechos humanos. En primer lugar, constituyen el último paso de la obligación de una empresa de proceder con la debida diligencia en materia de derechos humanos ya que contribuirán a determinar las consecuencias negativas derivadas de sus actividades y operaciones. De este modo, pueden ofrecer un cauce a las personas directamente afectadas por las operaciones de la empresa para que presenten sus quejas cuando sufran o crean que vayan a sufrir una vulneración de sus derechos. A través de estos mecanismos de reclamación las empresas también pueden identificar problemas sistémicos y adaptar sus prácticas en consecuencia. En segundo lugar, estos mecanismos permiten que las partes interesadas (incluidas las comunidades locales) planteen inquietudes y brinden comentarios oportunos sobre los impactos adversos en los derechos humanos que las actividades de una organización puedan causar. En tercer lugar, permiten que la empresa se ocupe de los daños detectados y repare las consecuencias negativas, de forma temprana y directa, a fin de evitar daños mayores o una escalada de reclamaciones (Comentario al Principio Rector 29).

Los Principios Rectores recomiendan la implementación de mecanismos de supervisión conjunta compuestos por representantes de organizaciones y partes interesadas, con el fin de garantizar una mayor transparencia y generar confianza (Principio Rector 30). Se espera que las grandes organizaciones, como grandes corporaciones, bancos de inversión u otras organizaciones con actividades en varias jurisdicciones, implementen sus propios mecanismos de reclamación. Las pequeñas y medianas empresas, a su vez, pueden desarrollar mecanismos de reclamación más simples o participar en mecanismos de reclamación proporcionados por organizaciones externas. Si una empresa no proporciona su propio mecanismo de quejas, en cualquier caso, se espera que coopere en el proceso de reparación.

Las empresas también pueden utilizar mecanismos de queja creados por iniciativas «multi-stakeholder» o por organizaciones de financiación, particularmente cuando su actividad es compleja o cuando están involucradas organizaciones públicas y privadas. A nivel internacional, el Banco Mundial (BM) ha implementado el Servicio de Atención a Reclamos

(GRS por sus siglas en inglés) para atender quejas de personas y comunidades afectadas en el marco de proyectos financiados por el Banco Mundial si consideran que el proyecto ha tenido o es probable que tenga efectos adversos para ellas, sus comunidades o el medio ambiente. Además, el Panel de Inspección del Banco Mundial es un mecanismo disponible para las partes interesadas en proyectos financiados por el Banco Internacional de Reconstrucción y Fomento (BIRF) del Banco Mundial y la Asociación Internacional de Fomento (AIF) que sirve como unidad de investigación a través del cual las comunidades pueden expresar sus preocupaciones sobre proyectos de desarrollo financiados por el BM. Todos los bancos de inversión regionales también cuentan con un mecanismo de reclamación.

Finalmente, para que los mecanismos de reclamación a nivel operacional puedan constituir un medio eficaz de reparación deben cumplir ciertos requisitos que se enumeran en el Principio Rector 31. Estos requisitos o criterios son los siguientes:

Legitimidad
Accesibilidad
Predictibilidad
Equitatividad
Transparencia
Compatible con los derechos
Una fuente de aprendizaje continuo
Basarse en la participación y el diálogo

Fuente: Principio Rector 31

En definitiva, se trata de proporcionar a las víctimas, reales o potenciales, una manera fácil y accesible de informar sobre los posibles riesgos, exigir acciones de la organización implicada desde el momento en que perciben un riesgo o reclaman una reparación. Entre las ventajas, hay que destacar que estos mecanismos no están sobrecargados de formalidades legales, como sería el caso de muchos mecanismos estatales.

Cuando los mecanismos de reclamación de nivel operacional no brindan una reparación efectiva, las víctimas y las partes interesadas deben buscar un recurso efectivo a través de los mecanismos estatales. Estos mecanismos internos también pueden servir para complementar los mecanismos de reparación estatales, como veremos en el siguiente Tema 5.

4.5. Conclusión

La responsabilidad de las empresas de respetar los derechos humanos entraña una serie de deberes o expectativas de conducta como la adopción de un compromiso político de asumir su responsabilidad de respetar los derechos humanos; la implementación de procesos de diligencia debida en materia de derechos humanos para identificar, prevenir, mitigar y rendir cuentas de cómo abordan su impacto sobre los derechos humanos y el medio ambiente; y la puesta en marcha de procesos que permitan reparar todas las consecuencias negativas sobre los derechos humanos que hayan provocado o contribuido a provocar a través de sus actividades y operaciones. Aunque los Principios Rectores no se consideren un instrumento vinculante, los deberes de implementación de la diligencia debida se encuentran recogidos en otros instrumentos internacionales como las Líneas Directrices de la OCDE para Empresas Multinacionales, así como en legislaciones nacionales en Europa y en la recién adoptada Directiva de la Unión Europea sobre Diligencia Debida en Materia de Sostenibilidad. Además, muchas empresas están implementando procesos de diligencia debida de forma voluntaria. Los citados instrumentos serán debidamente analizados en los Temas 6 y 7.

4.6. Bibliografía

Claire BRIGHT y Laura ÍÑIGO ÁLVAREZ, «Los modelos normativos sobre debida diligencia en derechos humanos en Europa», *Nova Centre on Business, Human Rights and the Environment Blog*, 21 de octubre de 2021, disponible en https://novabhre.novalaw.unl.pt/los-modelos-normativos-sobre-debida-diligencia-en-derechos-humanos-en-europa/

NOVA BHRE, «Nota Jurídica sobre Diligencia Debida en materia de Derechos Humanos y Medio Ambiente», *Projec-*

to Our Food. Our Future, marzo de 2021 (actualizado en español en agosto de 2021), disponible en https://novabhre.novalaw.unl.pt/wp-content/uploads/2021/11/LegalBriefGoEAThical-esp-1.pdf

DOCUMENTOS:

ALLIANCE FOR CORPORATE TRANSPARENCY PROJECT, «2020 Research Report» (2020) https://www.allianceforcorporatetransparency.org/assets/Research_Report_EUKI_2020.pdf

Directiva (UE) 2022/2464 del Parlamento Europeo y del Consejo de 14 de diciembre de 2022 por la que se modifican el Reglamento (UE) n.º 537/2014, la Directiva 2004/109/CE, la Directiva 2006/43/CE y la Directiva 2013/34/UE, por lo que respecta a la presentación de información sobre sostenibilidad por parte de las empresas: https://www.boe.es/buscar/doc.php?id=DOUE-L-2022-81871

GLOBAL REPORTING INITIATIVE, «Strengthening business accountability in the National Action Plans on Business and Human Rights: Policy recommendations on transparency»: https://www.globalreporting.org/media/lnikk40o/naps-policy.pdf

Marco para el Informe de los Principios Rectores de las Naciones Unidas (2015): https://www.ungreporting.org/wp-content/uploads/UNGPRF_SP-Dec2017.pdf

«Modern Slavery Act», Reino Unido, 2015 disponible en https://www.legislation.gov.uk/ukpga/2015/30/contents/enacted

Principios Rectores de la ONU sobre Empresas y Derechos Humanos (2011): https://www.ohchr.org/sites/default/files/documents/publications/guidingprinciplesbusinesshr_sp.pdf

WEBS DE INTERÉS:

BANCO MUNDIAL, SERVICIO DE ATENCIÓN DE RECLAMOS: https://projects.bancomundial.org/es/projects-operations/products-and-services/grievance-redress-service

NOVA CENTRE ON BUSINESS, Human Rights and the Environment: https://novabhre.novalaw.unl.pt/

PANEL DE INSPECCIÓN DEL BANCO MUNDIAL: https://www.
inspectionpanel.org/espanol#:~:text=El%20Panel%20
de%20Inspecci%C3%B3n%20es%20un%20mecanis-
mo%20independiente,por%20un%20proyecto%20fi-
nanciado%20por%20el%20Banco%20Mundial.

TEMA 5

EL PILAR III DE LOS PRINCIPIOS RECTORES: EL DEBER DE REPARAR

5.1. Introducción y objetivos generales

El acceso a la justicia y la reparación es un derecho humano fundamental que ha quedado consolidado en múltiples instrumentos de derechos humanos a nivel internacional, regional y doméstico, así como en la jurisprudencia de diversos tribunales. En el ámbito de las empresas y los derechos humanos aún existen serios obstáculos en el acceso a la justicia, ya sea por cuestiones jurisdiccionales o geográficas, existencia de complejas estructuras empresariales, falta de apoyo a las víctimas y otras partes interesadas, o acceso asimétrico a la información, entre otros. En este sentido, el tercer pilar de los Principios Rectores ha venido a denominarse «el pilar olvidado» debido a dichas dificultades de acceso a la justicia y la reparación. Sin embargo, encontramos cada vez más casos presentados en relación a la actividad empresarial y su impacto en los derechos humanos y el medio ambiente, ya sean con mayor o menor éxito.

Los objetivos de este tema son:

- Examinar el tercer pilar de los Principios Rectores de la ONU sobre Empresas y Derechos Humanos con respecto al acceso a mecanismos de reparación.

- Explorar el acceso a recursos judiciales en materia de empresas y derechos humanos, así como los posibles obstáculos.

67

– Identificar los posibles mecanismos extrajudiciales en materia de empresas y derechos humanos con especial énfasis en los Puntos Nacionales de Contacto de la OCDE.

El Pilar III de los Principios Rectores de la ONU sobre Empresas y Derechos Humanos establece el deber del Estado de poner a disposición de las potenciales víctimas de abusos empresariales mecanismos de reparación efectivos (judiciales y extrajudiciales), así como el establecimiento por parte de las empresas de mecanismos de reclamación de nivel operacional o su participación en mecanismos de múltiples partes interesadas y asociaciones industriales.

5.2. Acceso a la reparación efectiva

Cuando se producen impactos adversos sobre los derechos humanos o el medio ambiente, los Estados deben, como parte de su deber de proteger los derechos humanos, tomar las medidas adecuadas para garantizar que los perjudicados tengan acceso a un recurso efectivo a través de la vía judicial, administrativa, legislativa u otros canales apropiados. Al mismo tiempo, las empresas deben implementar mecanismos de reclamación de nivel operacional para reclamar cualquier impacto adverso sobre los derechos humanos que hayan causado o al que hayan contribuido de acuerdo con los requisitos de diligencia debida.

El derecho a un recurso efectivo es un elemento fundamental del sistema internacional de derechos humanos y la necesidad de que las víctimas tengan acceso a recursos eficaces ha quedado reconocida en los Principios Rectores sobre Empresas y Derechos Humanos. Sin embargo, en muchos casos las víctimas suelen tropezar con dificultades para acceder a las reparaciones, dificultades de índole tanto práctica como jurídica.

El derecho a un recurso efectivo es un derecho humano fundamental, establecido en la Declaración Universal de Derechos Humanos en el art. 8 y el Pacto Internacional de Derechos Civiles y Políticos en el art. 2.3, así como en instrumentos regionales y nacionales de derechos humanos (art. 13 del Convenio Europeo de Derechos Humanos; art. 25 de la Convención Americana sobre Derechos Humanos; en el sistema africano de derechos humanos, ha sido la jurisprudencia de la Comisión Africana y de la Corte Africana de Derechos Humanos y de los Pueblos las que han desarrollado este derecho).

El derecho a un recurso efectivo tiene aspectos tanto sustantivos como procedimentales. El aspecto sustantivo implica una reparación adecuada de la violación sufrida, que incluye diversas formas como la restitución, la compensación, la rehabilitación, la satisfacción y las garantías de no repetición.

- La restitución debe devolver a la víctima a la situación original antes de que ocurriera la violación. La restitución incluye la restitución de la libertad, el regreso al lugar de residencia, el restablecimiento del empleo o la devolución de la propiedad.

- La compensación significa que debe proporcionarse una indemnización por cualquier daño económicamente evaluable, según corresponda y proporcional a la gravedad de la violación y las circunstancias de cada caso.

- La rehabilitación incluye atención médica y psicológica, así como servicios jurídicos y sociales.

- La satisfacción incluye la verificación de los hechos y la revelación plena y pública de la verdad; la búsqueda del paradero de los desaparecidos; las disculpas públicas, incluyendo el reconocimiento de los hechos y aceptación de responsabilidad; memoriales y homenajes a las víctimas.

- Las garantías de no repetición son medidas que sirven como salvaguardias a la hora de prevenir futuras violaciones de los derechos humanos y como refuerzo del Estado de Derecho y el respeto de los derechos humanos. Pueden constituir reformas institucionales, medidas educativas, o el establecimiento de mecanismos para prevenir y monitorear los conflictos sociales, así como su resolución.

Dependiendo del contexto y el tipo de daño, un recurso sustantivo que cumpla con los estándares internacionales puede requerir una combinación de enfoques, basados en las categorías enumeradas anteriormente. Por ejemplo, en los casos en que un recurso efectivo exige acciones con el fin de restaurar la dignidad de alguien, el reconocimiento del daño causado y una disculpa probablemente sean componentes importantes del recurso, junto con cualquier compensación financiera.

Los aspectos sustantivos de la reparación se exploran en muchos instrumentos internacionales relacionados con los derechos humanos, de los cuales los *Principios y directrices básicos sobre el derecho de las víctimas de violaciones manifiestas de las normas internacionales de derechos humanos y de violaciones graves del derecho internacional humanitario a interponer recursos y obtener reparaciones* (2005) son un ejemplo notable. Para cumplir con los estándares internacionales, la reparación debe ser:

- **Adecuada:** proporcionada y apropiada a la luz del grado de ilegalidad o culpabilidad del comportamiento en cuestión y la naturaleza y gravedad del daño sufrido.

- **Eficaz:** esto significa poner fin a las acciones y otros factores que dieron lugar al abuso, y poner a las partes afectadas nuevamente en la posición en la que habrían estado si el abuso no hubiera ocurrido, o lo más cerca posible de esto en dichas circunstancias.

- **Rápida:** proporcionada en el plazo debido.

Los aspectos procedimentales se refieren al derecho a presentar un caso ante las autoridades competentes, a una investigación efectiva y a recibir información. Sin embargo, como indica el ACNUDH (2017),

«Si bien existe una estrecha correlación entre la eficacia de un mecanismo de reparación y la obtención de una reparación efectiva, se trata de dos aspectos diferentes, ya que un proceso efectivo no siempre da lugar a un resultado efectivo. Por consiguiente, hay margen para ofrecer orientación sobre el concepto de una reparación efectiva, independientemente del tipo de mecanismo empleado por los titulares de derechos para obtener la reparación».

En este sentido, el Pilar III de los Principios Rectores establece un estándar internacional para brindar reparación para todo tipo de daños a los derechos humanos relacionados con las empresas. Existen varios tipos de mecanismos que se pueden establecer para ofrecer acceso a un recurso efectivo. Los Principios Rectores se refieren a «cualquier proceso habitual, estatal o no estatal, judicial o extrajudicial, que permita plantear reclamaciones y reparar violaciones de los derechos humanos relacionadas con actividades empresariales» (Comentario al Principio Rector 25).

Por un lado, los mecanismos judiciales representan la herramienta central para garantizar el acceso efectivo a la reparación, como está garantizado en los principales tratados de derechos humanos a nivel internacional y regional. En este sentido, se reconoce en el artículo 2, número 3, inciso a) del Pacto Internacional de Derechos Civiles y Políticos el deber del Estado de garantizar que toda persona cuyos derechos o libertades consagrados en el Pacto sean vulnerados disponga de un recurso efectivo. Como se establece en el Comentario al Principio Rector 26,

«Los Estados deben asegurarse de no levantar barreras que impidan llevar casos legítimos ante los tribunales, especialmente cuando la vía judicial resulte esencial para la obtención de reparación o no haya otras vías alternativas de reparación. También deben asegurar que la corrupción judicial no obstruya la administración de justicia, que los tribunales sean independientes de presiones económicas o políticas de otros agentes del Estado y de actores empresariales, y que no se pongan obstáculos a las actividades legítimas y pacíficas de los defensores de los derechos humanos».

Además, también existe una gran variedad de mecanismos no judiciales, que van desde mecanismos a nivel de la empresa (en particular, los mecanismos de reclamación de nivel operacional), a nivel nacional (como instituciones nacionales de derechos humanos, instituciones de defensoría del pueblo o los Puntos de Nacionales Contacto en Estados que se hayan adherido a las Directrices de la OCDE sobre Empresas Multinacionales) y a nivel internacional (como la Oficina del Ombudsman Asesor en Cumplimiento de la Corporación Financiera Internacional), que pueden desempeñar un papel crucial a la hora de complementar y suplementar los mecanismos judiciales.

En los últimos años ha habido una gran preocupación por las graves deficiencias en la implementación por parte de muchos Estados y empresas de sus respectivas obligaciones y responsabilidades internacionales en lo que respecta al acceso a la reparación. Por ello en 2014, el Alto Comisionado de Nacionales Unidas para los Derechos Humanos (ACNUDH) lanzó el *Proyecto de Rendición de Cuentas y Reparación* en respuesta a esas preocupaciones con el fin de fortalecer la rendición de cuentas y el acceso a la reparación en casos de abuso de derechos humanos relacionados con empresas. Este proyecto ha publicado varios informes que se centran en mejorar la efectividad y accesibilidad de mecanismos judiciales y no judiciales (en el caso de los no judiciales, tanto estatales como no estatales).

5.3. Mecanismos de reparación judiciales

Los mecanismos judiciales son un componente esencial de todos los sistemas estatales para garantizar el acceso a la reparación por daños a los derechos humanos. Esto se debe al papel singular que desempeñan dichos mecanismos a la hora de interpretar y aplicar la ley y garantizar que la justicia se imparta de manera justa. La eficacia de los mecanismos judiciales es un fuerte indicador de los niveles de respeto por el Estado de Derecho dentro de una jurisdicción. Incluso en los muchos casos en los que las partes afectadas pueden preferir resolver sus quejas a través de mecanismos no judiciales, la presencia de mecanismos judiciales eficaces, o dentro de la combinación de opciones de reparación disponibles, será a menudo un factor importante para determinar si en última instancia se obtendrá o no una reparación efectiva.

Sin embargo, las personas afectadas por daños a los derechos humanos relacionados con la actividad empresarial pueden tener dificultades para acceder a los mecanismos judiciales nacionales en la práctica. Esto puede deberse a muchos factores, incluidos el coste de iniciar una acción judicial, las dificultades para encontrar asesoría jurídica adecuada, la falta de una base clara para presentar una reclamación o el tiempo que puede llevar obtener un resultado positivo.

Muchos de estos obstáculos vienen dados o se ven agravados por las frecuentes desigualdades entre las partes, en particular por lo que respecta a los recursos financieros, el acceso a la información y las competencias profesionales. Además, las personas pertenecientes a grupos o poblaciones expuestas a un mayor riesgo de vulnerabilidad o marginación enfrentan a menudo obstáculos culturales, sociales, físicos y financieros adicionales para acceder a estos mecanismos, utilizarlos y aprovecharlos.

En cuanto al tipo de recurso, puede haber oportunidades de buscar recursos legales conforme al derecho civil, el derecho penal, el derecho administrativo o el derecho constitucional, o a través de tribunales especializados, como los que se ocupan de asuntos laborales o ambientales. En algunos casos, puede ser necesaria una combinación de enfoques que impliquen diferentes tipos de recurso para ofrecer una reparación efectiva.

Para fortalecer el acceso a la reparación por parte de las partes interesadas afectadas en casos relacionados con las empresas, el ACNUDH (2016) ha identificado cinco prioridades relevantes:

– La necesidad de revisar los regímenes de responsabilidad civil y penal para evaluar qué tipo de obstáculos a los recursos efectivos pueden enfrentar los titulares de derechos afectados;

– La necesidad de brindar orientación y apoyo a las empresas sobre las disposiciones sobre mecanismos de reclamación;

– La necesidad de capacitar a la sociedad civil sobre cómo mejorar la rendición de cuentas corporativa y el acceso a reparación para los titulares de derechos afectados;

– La necesidad de crear conciencia sobre los mecanismos que están disponibles para los titulares de derechos afectados;

– La necesidad de tomar medidas concretas para facilitar el acceso a un recurso efectivo en caso de daños a los derechos humanos o al medio ambiente relacionados con empresas.

Cada vez más empresas han tenido que comparecer ante los tribunales para rendir cuentas por este tipo de abusos contra los derechos humanos en todo el mundo. Las acciones judiciales normalmente adoptan la forma de procedimientos penales iniciados a instancias de las víctimas y de las ONG, o de procedimientos civiles basados en los principios generales de responsabilidad extracontractual. En muchas jurisdicciones también son posibles procedimientos civiles y penales paralelos derivados de la misma conducta. En algunas jurisdicciones de derecho civil, como Francia,

Bélgica o Ucrania, las víctimas pueden incorporarse a procesos penales como partes civiles.

En general, ha habido un mayor número de procedimientos judiciales iniciados contra empresas por abusos de derechos humanos en terceros países basados en el derecho privado (responsabilidad civil) que en el derecho penal. Esto podría estar relacionado con el hecho de que normalmente se aplican umbrales más bajos en términos de normas aplicables a los casos civiles y no a los penales. Por otro lado, la responsabilidad penal por acciones de una persona jurídica variará dependiendo del país y la jurisdicción. Cabe notar que, a nivel internacional, la responsabilidad penal internacional sólo existe contra personas naturales y no contra personas jurídicas.

Además, obtener acceso en los tribunales contra filiales de corporaciones transnacionales ha sido una razón importante para presentar demandas contra las empresas matrices en los tribunales de los estados de origen. De hecho, en casi todos los casos recientes relacionados con empresas y derechos humanos, los demandantes han hecho hincapié en que no pueden presentar su reclamo en el lugar donde viven, por ejemplo, porque los sistemas legales locales son corruptos o disfuncionales, temen por su seguridad si los presentan, o hay falta de financiación o representación legal. Cabe destacar algunos casos judiciales relevantes en materia de empresas y derechos humanos como el caso *Vedanta* en Reino Unido (2019), el caso *Shell* (2021) en Países Bajos o el caso *Nevsun* (2020) en Canadá. En el caso *Vedanta Resources PLC and another v Lungowe and others*, el Tribunal Supremo del Reino Unido determinó que las demandas civiles por negligencia presentadas por demandantes zambianos contra una empresa matriz inglesa (Vedanta) y su filial zambiana (Konkola Copper Mines plc (KCM)) por daños sufridos en Zambia pueden proceder en los tribunales ingleses. En el caso *Nevsun Resources Ltd. v. Araya,* el Tribunal Suprema de Canadá sostuvo que una empresa privada puede ser responsable de violaciones del derecho internacional consuetudinario que no se cometen en Canadá. El caso se presentó contra la filial de una empresa canadiense, Nevsun Resources Ltd., acusada de violaciones del derecho internacional consuetudinario en Eritrea.

El caso *Royal Dutch Shell* en los Países Bajos (2021)

El 26 de mayo de 2021, el Tribunal de Distrito de La Haya ordenó a Royal Dutch Shell (RDS) reducir las emisiones de CO2 del Grupo Shell en un 45 % neto antes de 2030, en comparación con los niveles de 2019. El tribunal consideró que las emisiones de CO2 del Grupo Shell, sus proveedores y clientes superan las de muchos estados. Esto contribuye al calentamiento global, que provoca el cambio climático y crea graves riesgos para los derechos humanos, como el derecho a la vida y el derecho al respeto de la vida privada y familiar. El tribunal determinó que el Grupo Shell tiene la obligación de cumplir con las obligaciones internacionales de derechos humanos, los Principios Rectores de las Naciones Unidas sobre las Empresas y los Derechos Humanos (UNGPs) y los objetivos del Acuerdo de París de 2015, de acuerdo con el estándar de cuidado establecido en las leyes de responsabilidad extracontractual de los Países Bajos *(tort law)*.

Esta es la primera vez que un tribunal ordena a una empresa (y no a los gobiernos, como hasta ahora ha sido) reducir los impactos producidos y la responsabiliza por sus actividades y el daño medioambiental que produce.

5.4. Mecanismos de reclamación extrajudiciales

Como se indicaba anteriormente, los mecanismos judiciales a veces pueden llevar mucho tiempo y ser costosos. Por ello, los recursos extrajudiciales son de gran importancia para complementarlos ya que son más accesibles e implican menores costes. Un mecanismo de reclamación no judicial puede definirse como un proceso de queja formal no legal que puede ser utilizado por individuos, trabajadores, comunidades y/u organizaciones de la sociedad civil que se están viendo afectados negativamente por ciertas actividades y operaciones empresariales. Los Principios Rectores distinguen entre mecanismos extrajudiciales estatales y mecanismos extrajudiciales no estatales. En lo que respecta a los mecanismos extrajudiciales estatales, las instituciones nacionales de derechos humanos y las instituciones de defensoría del pueblo tienen un papel importante que desempeñar, ya que actúan cada vez más como intermediarios entre el Estado y las normas internacionales de derechos humanos.

Otro mecanismo extrajudicial a nivel estatal son los ya citados Puntos Nacionales de Contacto de la OCDE sobre Conducta Empresarial Responsable.

Los recursos no judiciales deben cumplir con una serie de principios enumerados en el Principio Rector 31 para poder ser considerados efectivos.

Criterios de efectividad de los mecanismos no judiciales de acuerdo con el Principio Rector 31

«Para garantizar su eficacia, los mecanismos de reclamación extrajudiciales, tanto estatales como no estatales, deben ser:

a) **Legítimos:** suscitar la confianza de los grupos de interés a los que están destinados y responder del correcto desarrollo de los procesos de reclamación;

b) **Accesibles:** ser conocidos por todos los grupos interesados a los que están destinados y prestar la debida asistencia a los que puedan tener especiales dificultades para acceder a ellos;

c) **Predecibles:** disponer de un procedimiento claro y conocido, con un calendario indicativo de cada etapa, y aclarar los posibles procesos y resultados disponibles, así como los medios para supervisar la implementación;

d) **Equitativos:** asegurar que las víctimas tengan un acceso razonable a las fuentes de información, el asesoramiento y los conocimientos especializados necesarios para entablar un proceso de reclamación en condiciones de igualdad, con plena información y respeto;

e) **Transparentes:** mantener informadas a las partes en un proceso de reclamación de su evolución, y ofrecer suficiente información sobre el desempeño del mecanismo, con vistas a fomentar la confianza en su eficacia y salvaguardar el interés público que esté en juego;

f) **Compatibles con los derechos:** asegurar que los resultados y las reparaciones sean conformes a los derechos humanos internacionalmente reconocidos;

g) **Una fuente de aprendizaje continuo:** adoptar las medidas pertinentes para identificar experiencias con el fin de mejorar el mecanismo y prevenir agravios y daños en el futuro;

Los mecanismos de nivel operacional también deberían:

a) **Basarse en la participación y el diálogo:** consultar a los grupos interesados a los que están destinados sobre su diseño y su funcionamiento, con especial atención al diálogo como medio para abordar y resolver los agravios».

En cuanto a los Puntos Nacionales de Contacto de la OCDE (PNC), como ya se mencionó en el Tema 2, todos los gobiernos que se adhieren a las Líneas Directrices (actualmente 51) deben establecer un PNC y garantizar que tiene los recursos financieros y humanos para funcionar, y lo hacen de forma visible, accesible, transparente y responsable. Los PNC tienen el mandato de proporcionar «buenos oficios» en cuestiones relacionadas con la implementación de las Líneas Directrices en casos específicos. En consonancia con el carácter no judicial de los PNC esos buenos oficios incluyen una variedad de enfoques para apoyar el acuerdo entre las partes, que van desde el diálogo informal a la mediación profesional. Los PNC también hacen amplio uso de su capacidad para hacer recomendaciones a las partes sobre las formas de mejorar la implementación de las Líneas Directrices.

En 2020, el Secretariado de la OCDE publicó un informe sobre el aniversario de los 20 años de funcionamiento de los PNC, destacando los avances, así como los desafíos pendientes. También se hizo una selección de 20 casos emblemáticos en los que los PNC han contribuido en cierta forma al acceso a recursos, a los cambios de las políticas empresariales u otros elementos positivos en materia de conducta empresarial responsable. Entre estos casos, queríamos mencionar el caso ENI que fue tratado por el PNC italiano.

ENI S.p.A., ENI International BV, y Nigeria Agip Oil Company Limited (NAOC) (PNC Italia, 2017)

En diciembre de 2017, la ONG Egbema Voice of Freedom y el despacho de abogados Chima Williams Associates presentaron una instancia específica al PNC italiano alegando que ENI S.p.A y su filial ENI International BC y su filial local Nigeria Agip Oil Company Limited (NAOC) no habían observado las Líneas Directrices de la OCDE sobre Empresas Multinacionales en sus capítulos sobre Principios Generales, Derechos Humanos y Medio Ambiente. La instancia específica se presentó en nombre de los residentes cerca de Mgbede, Nigeria, ya que su aldea se vio notablemente afectada desde 1971 por inundaciones violentas periódicas resultantes de las perforaciones petrolíferas de dichas empresas.

La mediación profesional facilitada por el PNC italiano condujo a un acuerdo mediante el cual la empresa se comprometió a construir y mantener un sistema de drenaje adecuado que pondría fin a las inundaciones anuales causadas por sus operaciones. Las partes acordaron publicar este acuerdo en su totalidad y la fase uno (de tres) de las obras ya está en marcha.

Es importante destacar que:

- El PNC ayudó a resolver problemas de décadas de antigüedad.

- Se proporcionó un recurso directo a través de la reparación en especie.

Por otro lado, como mecanismos extrajudiciales no estatales, destacan los mecanismos de reclamación de nivel operacional que fueron desarrollados en el Tema 4. Estos mecanismos son administrados por las propias empresas, por iniciativas de múltiples partes interesadas o por asociaciones industriales. En algunos casos, los mecanismos de reclamación no estatales pueden estar mejor posicionados para brindar una reparación a las partes afectadas, particularmente en los casos en que un recurso efectivo depende de una respuesta rápida y ésta puede ser proporcionada directamente por la empresa. Por lo tanto, los Principios Rectores recomiendan a las empresas establecer o participar en mecanismos eficaces de reclamación de nivel operacional.

5.5. Conclusión

Resulta fundamental reforzar el acceso al recurso efectivo por parte de víctimas y partes interesadas en relación con abusos empresariales. Para ello, tanto Estados como empresas deben poner de su parte para aliviar los obstáculos existentes. En particular, es necesario revisar los regímenes de responsabilidad civil, penal y administrativo para evaluar qué tipo de obstáculos pueden enfrentar los titulares de derechos afectados. Por otro lado, también se debe brindar orientación y apoyo a las empresas sobre las disposiciones en materia de mecanismos de reclamación. Finalmente, se debe capacitar a los titulares de derechos y a sociedad civil en general sobre cómo mejorar la rendición de cuentas corporativa y cómo acceder a posibles mecanismos de reparación.

5.6. Bibliografía

Chiara VALLE, «Una sentencia histórica: el caso Royal Dutch Shell», *Observatorio de Responsabilidad Social Corporativa* (21 de julio de 2021) disponible en https://observatoriorsc.org/una-sentencia-historica-el-caso-royal-dutch-shell/

Daniel IGLESIAS MÁRQUEZ, «La litigación climática en contra de los carbon majors en los Estados de origen: apuntes desde la perspectiva de empresas y derechos humanos», *Revista Electrónica de Estudios Internacionales,* N.º 37 (junio 2019) disponible en http://www.reei.org/index.php/revista/num37/articulos/litigacion-climatica-contra-carbon-majors-estados-origen-apuntes-desde-perspectiva-empresas-derechos-humanos

Francisco Javier ZAMORA CABOT, «Acceso a la justicia y empresas y derechos humanos: importante decisión del Tribunal Supremo del Reino Unido en el Caso Vedanta v. Lungowe», *Cuadernos Europeos de Deusto*, Número 63 (2020), disponible en https://papers.ssrn.com/sol3/papers.cfm?abstract_id=3703249

Humberto CANTÚ RIVERA (ed) *Experiencias Latinoamericanas sobre reparación en materia de empresas y derechos humanos* (Fundación Konrad Adenauer Programa Estado de Derecho para Latinoamérica 2021) disponle en https://media.business-humanrights.org/media/documents/Experiencias_LA_Empresas_KAS2022.pdf

DOCUMENTOS:

ACNUDH, «Access to remedy in cases of business-related human rights abuse. An interpretative guide», Nueva York y Ginebra 2024: https://www.ohchr.org/sites/default/files/documents/issues/business/access-to-remedy-bhr-interpretive-guide-advance-version.pdf

ACNUDH, «Mejorar la rendición de cuentas y el acceso a las reparaciones para las víctimas de violaciones de los derechos humanos relacionadas con actividades empresariales: notas explicativas sobre las orientaciones, 12 de mayo de 2016, A/HRC/32/19: https://www.ohchr.org/en/documents/reports/ahrc3219-accountability-and-remedy-project-judicial-mechanisms

GRUPO DE TRABAJO DE LA ONU SOBRE EMPRESAS Y DERECHOS HUMANOS, «Informe del Grupo de Trabajo sobre la cuestión de los derechos humanos y las empresas transnacionales y otras empresas», 18 de julio de 2017, A/72/162: https://www.ohchr.org/en/documents/thematic-reports/a72162-report-access-effective-remedy-business-related-human-rights

NOVA BHRE, «National Contact Points for Responsible Business Conduct: the road ahead for achieving effective remedies» (Part I), octubre-diciembre 2021: https://novabhre.novalaw.unl.pt/wp-content/uploads/2024/02/Compendium-NCP.pdf

OCDE, Providing access to remedy 20 years and the road ahead (2020): https://mneguidelines.oecd.org/NCPs-for-RBC-providing-access-to-remedy-20-years-and-the-road-ahead.pdf

WEBS DE INTERÉS:

GRUPO DE TRABAJO DE LA ONU SOBRE EMPRESAS Y DERECHOS HUMANOS, Proyecto sobre rendición de cuentas y reparación del: https://www.ohchr.org/es/business/ohchr-accountability-and-remedy-project-improving-accountability-and-access-remedy-cases-business

OECD Watch: https://www.oecdwatch.org/

TEMA 6

LA DEBIDA DILIGENCIA EN MATERIA DE DERECHOS HUMANOS

6.1. Introducción y objetivos generales

Los Principios Rectores introdujeron el concepto de debida diligencia en materia de derechos humanos que constituye el medio a través del cual las empresas pueden cumplir con su responsabilidad de respetar los derechos humanos. La debida diligencia en materia de derechos humanos se refiere a un proceso continuo a través del cual las empresas pueden identificar, prevenir, mitigar y dar cuenta de los impactos adversos reales y potenciales sobre los derechos humanos que pueden causar o contribuir a causar a través de sus propias actividades, o que pueden estar directamente relacionados con sus operaciones, productos o servicios mediante sus relaciones comerciales.

Los objetivos de este tema son:

– Comprender el concepto de debida diligencia en materia de derechos humanos y medio ambiente, así como sus requisitos y pasos fundamentales.

– Examinar el papel de las partes interesadas en los procesos de debida diligencia y la necesaria consulta significativa con las mismas.

El concepto de diligencia debida en materia de derechos humanos y medio ambiente, derivado del segundo pilar de los Principios Rectores, es una herramienta de gestión fundamental para que las empresas cumplan con su responsabilidad de respetar los derechos humanos. La debida diligencia va más allá de identificar los riesgos para la empresa y trata de proteger a las personas y al planeta estableciendo las medidas proactivas que deben tomar las empresas para evitar infringir los derechos humanos de los demás y dañar el medio ambiente. Este concepto ha ido ganando impulso en los últimos años a medida que un mayor número de actores y partes interesadas han reclamado una nueva regulación vinculante sobre el tema.

6.2. La debida diligencia

Si bien la noción de debida diligencia ya existía en el derecho internacional de los derechos humanos en relación con las obligaciones de los Estados, en el ámbito de empresas y los derechos humanos, el concepto de diligencia debida se introdujo por primera vez en 2003 en el proyecto de normas sobre las responsabilidades de las empresas transnacionales y otras empresas comerciales con respecto a los derechos humanos. Posteriormente, volvió a ser incorporado en los Principios Rectores.

Como se explicó anteriormente, para cumplir con su responsabilidad de respetar los derechos humanos, los Principios Rectores establecen el deber de las empresas de implementar «un proceso de diligencia debida en materia de derechos humanos para identificar, prevenir, mitigar y rendir cuentas de cómo abordan su impacto sobre los derechos humanos» (Principio Rector 15).

Los procesos de diligencia debida constan de cuatro pasos fundamentales: a) evaluación del impacto real y potencial de las actividades sobre los derechos humanos; b) integración de las conclusiones y actuación al respecto; c) seguimiento de las respuestas; y d) comunicación de la forma en que se hace frente a las consecuencias negativas. Además, debe ser un proceso continuo, ya que los riesgos para los derechos humanos pueden cambiar con el tiempo, en función de la evolución de las operaciones y el contexto operacional de las empresas (Principio Rector 17). En este sentido debe realizarse antes de emprender una nueva actividad o de establecer una nueva relación comercial, en respuesta o en previsión de cambios en el entorno operacional y en general periódicamente durante el ciclo de vida de una actividad o relación comercial. También es importante indicar que estos procesos pueden variar de complejidad en función del tamaño de la empresa, el riesgo de graves consecuencias negativas sobre los derechos humanos y la naturaleza y el contexto de sus operaciones.

En cuanto a los cuatro pasos mencionados, debemos comenzar con la identificación y evaluación de la naturaleza de las consecuencias negativas actuales y potenciales sobre los derechos humanos en los que pueda verse implicada una empresa. Como indica el Principio Rector 18,

«El objetivo es comprender las consecuencias concretas sobre personas concretas en un contexto de operaciones concreto. Por lo general, esto implica evaluar el contexto de derechos humanos antes de emprender una actividad empresarial propuesta, siempre que sea posible; identificar a los posibles afectados; catalogar las normas y cuestiones pertinentes de derechos humanos; y proyectar las consecuencias de la actividad propuesta y de las relaciones comerciales correspondientes sobre los derechos humanos de las personas identificadas».

Si bien este proceso de evaluación puede integrarse en el marco de otros procesos, como las evaluaciones de riesgo o de impacto ambiental o social, se deben incluir todos los derechos humanos internacionalmente reconocidos, ya que el impacto de las actividades empresariales puede afectar a cualquiera de estos derechos. Además, a la hora de proceder a dicha evaluación hay dos elementos importantes a tener en cuenta:

– Recurrir a expertos en derechos humanos internos y/o independientes

– Incluir consultas sustantivas con los grupos potencialmente afectados y otras partes interesadas, en función del tamaño de la empresa y de la naturaleza y el contexto de la operación.

Sobre este último punto, hay que señalar que las empresas «deben prestar especial atención a las consecuencias concretas sobre los derechos humanos de las personas pertenecientes a grupos o poblaciones expuestos a un mayor riesgo de vulnerabilidad o de marginación, y tener presentes los diferentes riesgos que pueden enfrentar las mujeres y los hombres» (Principio Rector 18).

El segundo paso de la debida diligencia se refiere a la integración de las conclusiones de las evaluaciones de impacto en el marco de las funciones y procesos internos pertinentes y la toma de medidas oportunas (Principio Rector 19).

Principio Rector 19

«Para prevenir y mitigar las consecuencias negativas sobre los derechos humanos, las empresas deben integrar las conclusiones de sus evaluaciones de impacto en el marco de las funciones y procesos internos pertinentes y tomar las medidas oportunas.

a) Para que esa integración sea eficaz es preciso que:

i) La responsabilidad de prevenir esas consecuencias se asigne a los niveles y funciones adecuados dentro de la empresa;

ii) La adopción de decisiones internas, las asignaciones presupuestarias y los procesos de supervisión permitan ofrecer respuestas eficaces a esos impactos.

b) Las medidas que deban adoptarse variarán en función de:

i) Que la empresa provoque o contribuya a provocar las consecuencias negativas o de que su implicación se reduzca a una relación directa de esas consecuencias con las operaciones, productos o servicios prestados por una relación comercial;

ii) Su capacidad de influencia para prevenir las consecuencias negativas».

El tercer paso de la debida diligencia se centra en el seguimiento de la eficacia de las respuestas. La labor de seguimiento es necesaria para que la empresa pueda verificar si dichas medidas han permitido responder de forma eficaz a las consecuencias sobre los derechos humanos. Para ello, el seguimiento debe basarse en indicadores cualitativos y cuantitativos adecuados y además debe tener en cuenta los comentarios de fuentes tanto internas como externas, incluidas las partes afectadas (Principio Rector 20).

Finalmente, como cuarto paso tenemos la comunicación externa de las medidas que se han puesto en funcionamiento para hacer frente a las consecuencias generadas por sus actividades y operaciones sobre los derechos humanos. Esta comunicación puede adoptar diversas formas, como reuniones personales, diálogos en línea, consultas con los afectados e informes públicos oficiales. Además, como indica el comentario del Principio Rector 21, «se espera de las empresas que elaboren informes oficiales cuando

hay riesgo de graves violaciones de los derechos humanos, ya sea en razón de la naturaleza de las operaciones comerciales o por su contexto operacional».

Asimismo, sería necesario hablar no sólo de debida diligencia en materia de derechos humanos sino también de debida diligencia medioambiental. En este sentido, las Líneas Directrices de la OCDE ampliaron el enfoque más allá de los derechos humanos para incluir el medio ambiente y otras preocupaciones de sostenibilidad. Como resultado, las empresas deben ejercer la debida diligencia medioambiental para identificar, prevenir, mitigar, y dar cuenta de cómo abordan sus impactos adversos en el medio ambiente, lo que incluye el cambio climático. El cambio climático y los derechos humanos están intrínsecamente interrelacionados ya que el cambio climático amenaza el disfrute efectivo de una serie de derechos humanos, incluyendo el derecho a la vida, el agua y el saneamiento, la alimentación, la salud, la vivienda, la libre determinación, la cultura y el desarrollo. Como indicó el Relator Especial de la ONU sobre la pobreza extrema y los derechos humanos en un informe de 2019,

«Las empresas que se dedican a los combustibles fósiles son las que más impulsan el cambio climático: en 2015, correspondía a esta industria y sus productos el 91 % de las emisiones mundiales de gases de efecto invernadero con fines industriales y el 70 % del total de las emisiones de origen humano».

Además de las Líneas Directrices, la Guía de la OCDE de Diligencia Debida para una Conducta Empresarial Responsable y las guías sectoriales de la OCDE de debida diligencia ayudan a las empresas a comprender e implementar las recomendaciones de debida diligencia de las Líneas Directrices.

6.3. El papel de las partes interesadas

Como destacan los Principios Rectores, la participación de las partes interesadas es clave en todo el proceso de diligencia debida. En particular, el Principio Rector 18 establece que el proceso de identificación de los riesgos para los derechos humanos debe involucrar una consulta significativa con los grupos potencialmente afectados y otras partes interesadas relevantes, incluyendo a los defensores de derechos humanos.

Es importante tener en cuenta qué se entiende por «consulta significativa». Para ello, podemos recurrir a la versión actualizada de las Líneas Directrices de la OCDE para Empresas Multinacionales sobre Conducta Empresarial Responsable las cuales introdujeron actualizaciones clave sobre cómo las empresas deben interactuar con las partes interesadas (o sus representantes legítimos), especialmente aquellas en posiciones de vulnerabilidad y marginación. Estas actualizaciones colocan a las Líneas Directrices de 2023 en concordancia con la Guía de la OCDE de Diligencia Debida, así como con las diversas Guías Sectoriales de la OCDE, que ya incluían orientaciones para las empresas sobre cómo interactuar de manera significativa con las partes interesadas.

De esta forma, el capítulo sobre los Principios Generales establece en su directriz 15 que las empresas deben «involucrarse de manera significativa con las partes interesadas relevantes o sus representantes legítimos como parte de la implementación de la debida diligencia, y brindarles la oportunidad de que sus puntos de vista se tengan en consideración, con respecto a las actividades que pueden afectarlos de manera significativa, en relación con los ámbitos cubiertos por las Líneas Directrices». Con objeto de esclarecer este punto, el comentario número 29 de este capítulo indica una serie de requisitos para que esta consulta o involucramiento pueda ser considerado «significativo» y define quiénes son las partes interesadas.

Por tanto, las partes interesadas son aquellas «personas o grupos, o sus representantes legítimos, que tienen derechos o intereses relacionados con los ámbitos cubiertos por las Líneas Directrices que se ven o podrían verse afectados por impactos negativos asociados a las operaciones, productos o servicios de la empresa». Entre las partes interesadas y los titulares de derechos afectados y potencialmente afectados se pueden incluir comunidades a nivel local, regional o nacional; trabajadores y empleados, incluidos aquellos con contratos informales en las cadenas de suministro, y los sindicatos; consumidores o usuarios finales de productos. Además, entre las partes interesadas relevantes que podrían ser importantes para un involucramiento y participación significativos se pueden incluir ONG, organizaciones locales de la sociedad civil, personas defensoras de derechos humanos, socios comerciales, así como inversionistas o accionistas. Las empresas también deben priorizar a las partes interesadas o los titulares de derechos más gravemente afectados (o potencialmente afectados) por sus actividades, como las mujeres, los niños y las comunidades socialmente marginadas, las cuales pueden verse afectadas de manera más significativa, o de diferente forma, por una actividad empresarial y pueden necesitar atención adicional.

El comentario 45 al capítulo sobre Derechos Humanos de las Líneas Directrices llama la atención también sobre el papel de las personas defensoras de derechos humanos indicando que:

«Las empresas deberían prestar especial atención a cualquier impacto negativo concreto sobre las personas, por ejemplo, los defensores de los derechos humanos, que pueden estar en mayor riesgo debido a la marginación, la vulnerabilidad u otras circunstancias, individualmente o como miembros de ciertos grupos o poblaciones, incluidos los Pueblos Indígenas».

Por otro lado, se entiende que esta consulta es significativa cuando existe «una participación continua que es bidireccional, llevada a cabo de buena fe por los participantes de ambas partes y que responde a las opiniones de las partes interesadas». Además, se añade que «para garantizar que la participación de las partes interesadas sea significativa y eficaz, es importante asegurar que sea oportuna, accesible, adecuada y segura, e identificar y eliminar los posibles obstáculos a la participación de las partes interesadas en situación de vulnerabilidad o marginación» (Comentario 29, Principios Generales de las Líneas Directrices). La Guía de la OCDE de Diligencia Debida resume estos requisitos en los siguientes puntos:

- Participación bidireccional;

- Actuación de buena fe tanto por parte de la empresa como de las partes interesadas;

- Suministro oportuno de toda la información que necesitan las partes interesadas y los titulares de derechos;

- Participación continua a lo largo del ciclo de vida de una operación o actividad.

- Identificación y búsqueda de la eliminación de las potenciales barreras frente a la misma (como, por ejemplo, asimetrías de idioma, cultura, género y poder, divisiones dentro de la comunidad, etc.).

En algunos casos, la participación y/o consulta con las partes interesadas es un derecho en sí mismo como, por ejemplo, el derecho de los trabajadores a formar o afiliarse a sindicatos y el derecho de negociación colectiva son derechos humanos reconocidos internacionalmente.

6.4. La implementación de la debida diligencia en la práctica

Los procesos de diligencia debida en materia de derechos humanos y medio ambiente han sido identificados como una práctica central de conducta empresarial responsable clave para el cumplimiento de los Objetivos de Desarrollo Sostenible (ODS) de la ONU. En este sentido, cabe destacar el ODS 17 sobre Alianzas para Lograr los Objetivos que requiere la colaboración entre los gobiernos, el sector privado y la sociedad civil. El ODS 17 reconoce que las alianzas entre múltiples partes interesadas son vehículos importantes para movilizar y compartir conocimientos, experiencia, tecnologías y recursos financieros para apoyar el logro de los objetivos de desarrollo sostenible en todos los países, particularmente en los países en desarrollo.

La diligencia debida en materia de derechos humanos y medio ambiente tiene como objetivo proteger a las personas y al planeta estableciendo las medidas proactivas que deben tomar las empresas para evitar infringir los derechos humanos de los demás y perjudicar el medio ambiente, y abordar los impactos adversos en los que se encuentran involucradas. Para las empresas, el ejercicio de la diligencia debida en materia de derechos humanos y medio ambiente puede ayudar a gestionar los riesgos para la reputación, así como los riesgos legales emergentes, y mejorar sus relaciones con las partes interesadas, como los consumidores y los inversores.

Un reciente estudio para la Comisión Europea, que encuestó a 300 empresas en toda Europa, concluyó que el

70 % de las empresas consultadas consideraron que la introducción de una legislación a nivel de la UE sobre diligencia debida obligatoria en materia de derechos humanos y medio ambiente sería beneficiosa para las empresas en la medida en que nivelaría el campo de juego, aumentaría la seguridad jurídica al proporcionar un estándar único armonizado y facilitaría la influencia sobre los socios comerciales en cuestiones de derechos humanos. En relación con la situación creada por la pandemia de COVID-19, estudios preliminares han sugerido que las empresas que tenían procesos sólidos de debida diligencia en materia de derechos humanos tuvieron respuestas más resilientes y compatibles con los derechos humanos, y tenían más probabilidades de afrontar mejor los efectos negativos a largo plazo de la pandemia de COVID-19.

En la práctica, un número creciente de empresas han adoptado diversas políticas y procesos en un intento por cumplir con su responsabilidad de respetar los derechos humanos. Sin embargo, todavía queda mucho margen de mejora de dichos procesos. El Índice Empresarial de Derechos Humanos de 2020 *(2020 Corporate Human Rights Benchmark)* evaluó el desempeño en materia de derechos humanos de 230 de las empresas más grandes del mundo. Los resultados revelaron que casi la mitad de las empresas evaluadas (46,2 %) no obtuvieron ningún punto en la sección de la evaluación referida a la debida diligencia en materia de derechos humanos. En la misma línea, el estudio para la Comisión Europea mencionado anteriormente, sólo alrededor de un tercio de las empresas declararon tener procesos de debida diligencia que incluyeran todos los impactos ambientales y de derechos humanos, y además la mayoría de ellos se limitaba a los proveedores de primer nivel.

Teniendo en cuenta estos bajos niveles de implementación de las expectativas de diligencia debida en materia de derechos humanos por parte de las empresas, en algunos países se están adoptando nuevas leyes que están convirtiendo dichas expectativas en un deber legal de respeto a los derechos humanos por parte de las empresas en sus operaciones y a través de sus cadenas de valor globales. Como veremos en el siguiente tema, algunos ejemplos de dichas normativas son la Ley francesa sobre el Deber de Vigilancia, la Ley alemana sobre Diligencia Debida en las Cadenas de Suministro, la Ley noruega sobre Transparencia Empresarial y Trabajo

Digno y a nivel europeo la Directiva de la UE sobre diligencia debida de las empresas en materia de sostenibilidad.

Estos procesos han sido alentados por la ACNUDH (2020) que reconoce que las iniciativas legislativas como la propuesta a nivel de la UE son fundamentales para acelerar y ampliar el respeto de los derechos humanos por parte de las empresas. Como se ha indicado, los regímenes obligatorios de debida diligencia en materia de derechos humanos tienen un papel potencialmente vital que desempeñar como parte de una «combinación inteligente» de medidas para fomentar de manera efectiva el respeto empresarial por los derechos humanos, como se exige en los Principios Rectores. También es probable que estos regímenes sean un componente clave de los esfuerzos globales para lograr que las empresas incorporen procesos adecuados de gestión de riesgos de derechos humanos en todas sus operaciones, y para garantizar que sus respuestas a la pandemia de COVID-19 y sus consecuencias económicas se evalúen a través de la lente de la «responsabilidad corporativa de respetar los derechos humanos». Trabajar hacia enfoques más armonizados para la debida diligencia obligatoria en materia de derechos humanos es potencialmente útil para reducir la posibilidad de que se superpongan requisitos regulatorios inconsistentes, abordar el problema de las brechas entre regímenes y facilitar el cumplimiento empresarial.

Sin embargo, como apunta la ACNUDH (2020), los Estados deben tener cuidado de protegerse contra consecuencias no deseadas de los regímenes legales obligatorios sobre diligencia debida, por ejemplo, la posibilidad de que regímenes legales demasiado detallados puedan desalentar la innovación y el comportamiento proactivo de las empresas y alentar procesos de debida diligencia en materia de derechos humanos orientados al mero cumplimiento y a la «verificación de casillas» *(tick-box approach)*. Por otro lado, demasiada flexibilidad podría poner en cuestión la necesaria seguridad jurídica para las empresas, especialmente si se van a aplicar sanciones penales, lo que también podría dificultar la aplicación de dichos regímenes.

6.5. Conclusión

Los procesos de debida diligencia ayudan a las empresas a identificar los riesgos potenciales y reales para los derechos humanos y el medio ambiente causados por sus actividades y operaciones y a tomar las medidas oportunas para prevenir, mitigar y dar respuesta a los mismos. En este proceso, resulta fundamental consultar con las partes interesadas en todo el proceso brindándoles la oportunidad de que sus puntos de vista se tengan en consideración, con respecto a las actividades que pueden afectarles de manera significativa. Aunque poco a poco las empresas han comenzado a implementar dichos procesos, los niveles de aplicación son aún insuficientes. Por ello, recientemente esas expectativas voluntarias se han ido traduciendo en mecanismos obligatorios de acuerdo con la aprobación de nuevas leyes en la materia. Esta reciente normativa será objeto de análisis en el siguiente tema.

6.6. Bibliografía

Adoración GUAMÁN HERNÁNDEZ, *Diligencia debida en derechos humanos: posibilidades y límites de un concepto en expansión* (Tirant lo Blanch, 2022).

Caroline O. LICHUMA, «Meaningful Stakeholder Engagement 2.0.?: Tracing Developments in the Revised 2023 OECD Guidelines for Multinational Enterprises», *Nova Centre on Business, Human Rights and the Environment* Blog, 24 de octubre de 2023 disponible en https://novabhre.novalaw.unl.pt/meaningful-stakeholder-engagement-2-0-tracing-developments-in-the-revised-2023-oecd-guidelines-for-multinational-enterprises/

Claire BRIGHT, Irene PIETROPAOLI, Laura ÍÑIGO ÁLVAREZ, «Una mirada hacia los desarrollos normativos y jurisprudenciales en materia de debida diligencia empresarial y cambio climático» en Francisco Javier Zamora Cabot (dir.), Lorena Sales Pallarés (dir.), Maria Chiara Marullo (dir.) *La lucha en clave judicial frente al cambio climático* (Thomson Reuters Aranzadi, 2022).

DOCUMENTOS:

ACNUDH, UN Human Rights «Issues Paper» on legislative proposals for mandatory *human rights due diligence by companies* (junio 2020): https://www.ohchr.org/sites/default/files/Documents/Issues/Business/MandatoryHR_Due_Diligence_Issues_Paper.pdf

EUROPEAN COMMISSION, *Directorate-General for Justice and Consumers*, Torres-Cortés, F., Salinier, C., Deringer, H. et al., Study on due diligence requirements through the supply chain – Final report, Publications Office (2020): https://data.europa.eu/doi/10.2838/39830

OCDE, *Guía de la OCDE de debida diligencia para una conducta empresarial responsable* (2018): https://mneguidelines.oecd.org/Guia-de-la-OCDE-de-debida-diligencia-para-una-conducta-empresarial-responsable.pdf

WORLD BENCHMARKING ALLIANCE, Corporate Human Rights Benchmark. 2020 Key Findings: https://assets.worldbenchmarkingalliance.org/app/uploads/2020/11/WBA-2020-CHRB-Key-Findings-Report.pdf

WEBS DE INTERÉS:

GRUPO DE TRABAJO DE LA ONU SOBRE EMPRESAS Y DERECHOS HUMANOS, Diligencia debida obligatoria en materia de derechos humanos: https://www.ohchr.org/es/special-procedures/wg-business/mandatory-human-rights-due-diligence-mhrdd

TEMA 7

INICIATIVAS INTERNACIONALES PARA UNA REGULACIÓN INTERNACIONAL DE LA DEBIDA DILIGENCIA EN MATERIA DE DERECHOS HUMANOS

7.1. Introducción y objetivos generales

Los regímenes obligatorios de diligencia debida en materia de derechos humanos desempeñan un papel vital como parte de una «combinación inteligente» de medidas para fomentar de manera efectiva el respeto empresarial por los derechos humanos, como se exige en los Principios Rectores. Varios gobiernos han introducido recientemente, o han anunciado su intención de considerar la introducción de, regímenes legislativos para alentar o exigir a las empresas y grupos empresariales que lleven a cabo la debida diligencia obligatoria en materia de derechos humanos.

Parece haber un impulso particular detrás de estas propuestas en varios estados miembros de la Unión Europea (UE) y el Espacio Económico Europeo, y también dentro de las instituciones de la UE. En este sentido, Francia fue pionera al adoptar la Ley sobre el deber de Vigilancia en 2017, le siguieron Holanda, Alemania y Noruega con la adopción de diversas legislaciones sobre diligencia debida. La UE también anunció en 2020 que introduciría la diligencia debida obligatoria en materia de derechos humanos y medio ambiente a través de una Directiva, la cual fue finalmente adoptada por Consejo el 24 de mayo de 2024.

Los objetivos de este tema son:

- Analizar los desarrollos normativos sobre debida diligencia obligatoria en Europa, con especial atención a las leyes de Francia, Países Bajos, Alemania y Noruega.
- Examinar la nueva Directiva Europea sobre diligencia debida de las empresas en materia de sostenibilidad, sus principales elementos y ámbito de aplicación, así como otras iniciativas sectoriales en la Unión Europea.

Debido a los bajos niveles de implementación de los procesos de debida diligencia por parte de las empresas, se han ido instaurando legislaciones nacionales y europeas sobre debida diligencia obligatoria en materia de derechos humanos y medio ambiente. Estas legislaciones varían en cuanto su ámbito de aplicación y medidas de supervisión. Por ello, la Unión Europea ha impulsado una Directiva que pretende establecer un marco europeo para un enfoque responsable y sostenible de las cadenas de valor globales, así como evitar la fragmentación y proporcionar seguridad jurídica a las empresas que operan en el mercado interior.

7.2. Desarrollos normativos sobre debida diligencia obligatoria en el continente europeo

Como explicamos anteriormente, se ha producido una evolución de las expectativas de diligencia debida en materia de derechos humanos y medio ambiente hacia planteamientos más estrictos a través de medidas legislativas vinculantes. Una primera ola de leyes ha buscado alentar a las empresas a ejercer la diligencia debida en materia de derechos humanos a través de la exigencia de presentación de informes. Entre estos ejemplos, tenemos la Ley de Esclavitud Moderna del Reino Unido de 2015 y la Directiva de la UE sobre divulgación de información no financiera, ahora sustituida y complementada por la ya citada Directiva sobre información corporativa en materia de sostenibilidad (CSRD).

Ejemplos de legislación sobre presentación de informes en Europa

- La Ley de Esclavitud Moderna del Reino Unido de 2015, según la cual las grandes empresas que lleven a cabo sus negocios o parte de sus negocios en el Reino Unido deben publicar una declaración anual sobre las medidas que están tomando para garantizar que la esclavitud y el tráfico de personas no se produce en ninguna de sus cadenas de suministro ni en ninguna parte de su propio negocio.

- La **Directiva de la UE sobre divulgación de información no financiera,** que exige que determinadas grandes empresas divulguen determinada información sobre la forma en que operan y gestionan las cuestiones medioambientales, sociales y laborales, el respeto de los derechos humanos, la lucha contra la corrupción y el soborno. Esta Directiva ha sido sustituida y complementada por la **Directiva sobre información corporativa en materia de sostenibilidad (CSRD)** que introduce obligaciones más detalladas sobre el impacto de las empresas en el medio ambiente, los derechos humanos y el ámbito social.

Fuera del continente europeo, cabe destacar la Ley de Transparencia en las Cadenas de Suministro de California que exige que ciertas empresas divulguen anualmente los esfuerzos que están realizando para erradicar la trata de personas y la esclavitud de sus cadenas de suministro y la Ley Australiana sobre Esclavitud Moderna de 2018 que también crea obligaciones de presentación de informes para ciertas empresas con sede o que operan en Australia en relación con el riesgo de esclavitud moderna en sus operaciones y la cadena de suministro, así como las medidas que ha adoptado para dar respuesta a los riesgos identificados.

En una segunda fase, varios países han tratado de ir más allá de los simples requisitos

de presentación de informes para imponer y exigir (y no simplemente alentar) que las empresas ejerzan la debida diligencia en materia de derechos humanos. Los principales ejemplos incluyen:

- La **Ley francesa sobre el Deber de Vigilancia** adoptada en 2017, que exige que las grandes empresas francesas establezcan, implementen efectivamente y divulguen un plan de vigilancia estableciendo las medidas de debida diligencia tomadas para identificar y prevenir las violaciones graves de los derechos humanos y el medio ambiente resultantes de sus operaciones o de las operaciones derivadas de sus relaciones comerciales. Las empresas cubiertas por su ámbito de aplicación son solo aquellas empresas francesas que tienen al menos 5.000 empleados en Francia o 10.000 empleados en todo el mundo. La Ley de Vigilancia francesa no tiene un órgano de control específico, pero sí prevé la responsabilidad civil en virtud de la legislación sobre responsabilidad extracontractual cuando la empresa incumple sus propias obligaciones de vigilancia. Así se han presentado ya varios casos judiciales desde su entrada en vigor, si bien la primera decisión sobre el fondo del asunto en virtud de esta ley fue dictada en diciembre de 2023 por el Tribunal Judicial de París. El Tribunal estimó la demanda de un sindicato contra la empresa postal estatal francesa y ordenó a esta última que modificara y completara su plan de vigilancia. Antes de este caso, sólo se habían resuelto cuatro casos iniciados con base en la Ley del Deber de Vigilancia, pero fueron desestimados por razones procesales.

- La **Ley neerlandesa de Diligencia Debida en materia de Trabajo Infantil** de 2019 (la cual no ha entrado aún en vigor), que exige que las empresas que suministran bienes o servicios a los consumidores holandeses ejerzan la debida diligencia en materia de derechos humanos con respecto a los riesgos de que se utilice el trabajo infantil en sus cadenas de suministro. En particular, las empresas deben investigar si existe una sospecha razonable de que un producto o servicio ha sido producido con mano de obra infantil y, en ese caso, poner en marcha un plan de acción. También deben emitir una declaración manifestando que se ejerció la debida diligencia. A su vez, actualmente existe un proyecto de ley al Parlamento holandés titulado «Proyecto de ley de conducta empresarial internacional responsable y sostenible» que impondría un deber de vigilancia a las empresas con objeto de prevenir impactos negativos sobre los derechos humanos y el medio ambiente a nivel general.

- La **Ley alemana sobre Diligencia Debida en las Cadenas de Suministro,** aprobada en junio de 2021 por el Parlamento federal alemán, que exige que las empresas de más de 3.000 empleados en Alemania (y de más de 1.000 empleados, a partir de 2024) cumplan con las obligaciones de diligencia debida en materia de derechos humanos y medioambiente en sus operaciones, incluyendo las acciones de los proveedores directos y, en menor medida, de los indirectos. La debida diligencia corporativa incluye: establecer un sistema de gestión de riesgos y llevar a cabo un análisis de riesgos; adoptar una declaración de política de la estrategia corporativa de derechos humanos; establecer medidas preventivas; implementar de forma inmediata, medidas correctivas en caso de violaciones legales detectadas; establecer un procedimiento de quejas o reclamos; requisitos de documentación y presentación de informes para cumplir con los requisitos de diligencia debida.

– Por último, también de junio de 2021, la **Ley noruega sobre Transparencia Empresarial y Trabajo Digno,** que establece el deber de las empresas de implementar la debida diligencia con respecto a los derechos humanos y el trabajo decente. En particular, la ley incluye el deber de transparencia y el deber de actuar con la debida diligencia, así como informar sobre los procesos implementados a tal fin.

7.3. La directiva europea sobre diligencia debida de las empresas en materia de sostenibilidad

Las diferencias entre los instrumentos legislativos actuales en Europa han llevado a la Comisión Europea a decidir introducir una norma de la UE en este ámbito. Por otro lado, esta decisión ha sido motivada por la presión proveniente de la sociedad civil, las víctimas, los inversores e incluso las propias empresas. Como aclara la profesora Márquez Carrasco, «la intención de la Comisión Europea de adoptar un nuevo instrumento legislativo en la materia no se centra en un sector específico, sino se trata más bien de una norma de carácter general de Derecho derivado de la UE que tiene el objetivo de establecer un estándar mínimo de diligencia debida aplicable a las empresas europeas en materia de derechos humanos».

En este sentido, la Directiva de la UE sobre la diligencia debida en materia de sostenibilidad de las empresas representa un importante paso a nivel mundial, dado su carácter vinculante, su ámbito geográfico y la importancia económica de las actividades cubiertas, ya sea directamente o a través de las relaciones comerciales y las cadenas de valor, así como por la previsión de diversos mecanismos de supervisión y reclamación.

El Comisario de Justicia de la UE, Didier Reynders, anunció el 29 de abril de 2020 que la Comisión Europea presentaría una iniciativa legislativa sobre debida diligencia obligatoria en materia de derechos humanos y medio ambiente. Tras diversos borradores, e idas y venidas entre el Parlamento Europeo y el Consejo, la Directiva sobre diligencia debida de las empresas en materia de sostenibilidad (CSDDD) fue aprobada por el Consejo el 24 de mayo de 2024. Los considerandos previos de la Directiva recogen los objetivos de la misma, así como los motivos que han llevado a aprobar este instrumento:

- «La presente Directiva tiene por objeto garantizar que las empresas que operan en el mercado interior contribuyan al desarrollo sostenible y a la transición hacia la sostenibilidad de las economías y las sociedades mediante la detección y, cuando sea necesario, priorización, prevención, mitigación, eliminación, minimización y reparación de los efectos adversos reales o potenciales para los derechos humanos y el medio ambiente relacionados con las propias operaciones de las empresas, las operaciones de sus filiales y sus socios comerciales en las cadenas de actividades de las empresas, así como garantizando que los afectados por el incumplimiento de este deber tengan acceso a la justicia y a vías de recurso» (párrafo 16, preámbulo).

- «Es fundamental crear un marco europeo con un enfoque responsable y sostenible de las cadenas de valor mundiales, dada la importancia de las empresas como pilar en la construcción de una sociedad y una economía sostenibles. La introducción de una normativa vinculante en varios Estados miembros ha hecho necesaria la igualdad de condiciones para las empresas a fin de evitar la fragmentación y ofrecer seguridad jurídica a las empresas que operan en el mercado interior» (párrafo 31, preámbulo).

En cuanto a los elementos clave de dicho instrumento cabe destacar las empresas que están sujetas a la diligencia debida obligatoria, el ámbito temporal de aplicación de la Directiva, las obligaciones concretas en materia de diligencia debida, el ámbito de aplicación de las obligaciones de diligencia debida, así como sus mecanismos de supervisión y responsabilidad.

Empresas sujetas a las obligaciones de la Directiva:

- Empresas de la UE con más de 1.000 trabajadores y con una facturación global superior a los 450 millones de euros.

– Empresas extracomunitarias que generan una facturación de 450 millones de euros en la UE (sin umbral de trabajadores).

Ya no tenemos en el texto umbrales más bajos para empresas de sectores de alto riesgo (textil, agricultura, extracción de minerales), aunque la Directiva prevé que estos sectores podrían incorporarse en una fase posterior. De acuerdo con la organización SOMO, la Directiva será potencialmente aplicable a unas 5.400 empresas aproximadamente.

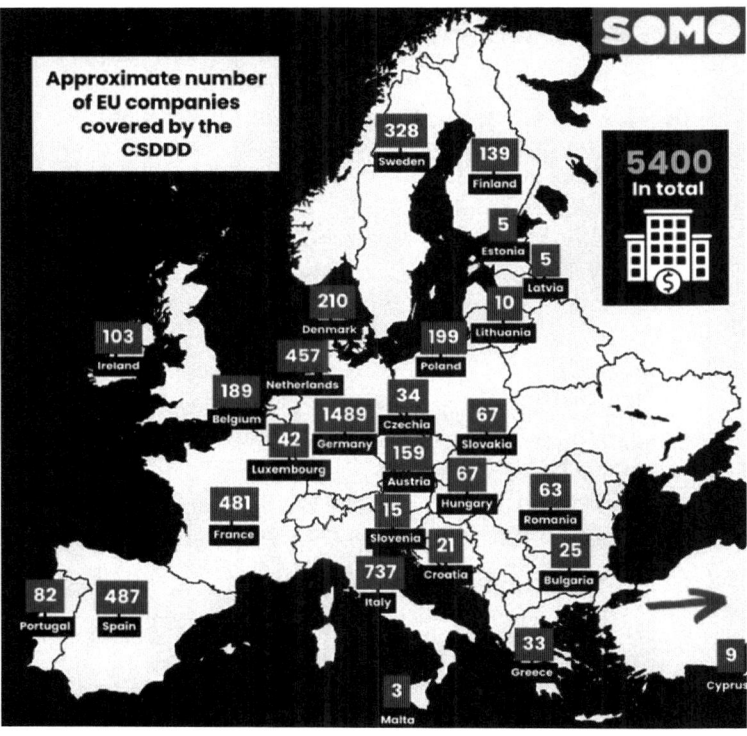

Fuente: SOMO, 2024.

Ámbito de aplicación temporal de la Directiva y período de transposición:

Al tratarse de una Directiva y no de un Reglamento, los Estados miembros tendrán que transponer la Directiva al ámbito nacional. Los Estados miembros tendrán entonces dos años después de su entrada en vigor para transponer la Directiva a las normas nacionales. Existe un enfoque gradual para las empresas, de entre tres y cinco años desde la entrada en vigor de la Directiva. Las fechas de cumplimiento serán:

- 2027 para las empresas más grandes (5.000 personas y una facturación de 1,5 mil millones de euros)

- 2028 para empresas con más de 3.000 personas y una facturación de 900 millones de euros,

- 2029 para empresas de más de 1.000 personas y una facturación de 450 M€.

Obligaciones en materia de debida diligencia:

1. Integrar la debida diligencia en sus políticas y sistemas de gestión de riesgos y en todos los niveles operacionales relevantes;

2. Contar con una política de debida diligencia desarrollada en consulta con los trabajadores de la empresa y sus representantes;

3. Identificar y evaluar los impactos adversos sobre los derechos humanos y el medio ambiente;

4. Priorizar (cuando sea necesario) estos impactos adversos en función de su gravedad y probabilidad;

5. Prevenir y mitigar, así como poner fin y minimizar los impactos adversos potenciales y reales sobre los derechos humanos y el medio ambiente;

6. Proporcionar reparación de los impactos adversos reales;

7. Llevar a cabo un compromiso significativo con las partes interesadas;

8. Establecer y mantener un mecanismo de notificación y procedimiento de quejas;

9. Vigilar la eficacia de las medidas adoptadas;

10. Comunicar públicamente sobre las medidas de debida diligencia llevadas a cabo;

11. Adoptar y poner en práctica un plan de transición climática.

Ámbito de aplicación de las obligaciones de diligencia debida:

Todas las empresas de la UE y de fuera de la UE que se encuentren dentro de los umbrales respectivos deben llevar a cabo la debida diligencia dentro de sus cadenas de actividades, centrándose en sus propias operaciones y actividades «upstream». Se incluye un conjunto específico de actividades posteriores, como la distribución, el transporte y el almacenamiento de producto. Por tanto, quedan sujetas a la diligencia debida:

- Las operaciones propias de una empresa;
- Las operaciones de las subsidiarias de una empresa;
- Operaciones llevadas a cabo por sus socios comerciales en su cadena de actividades.

Medidas de supervisión y responsabilidad:

- **Autoridades nacionales de supervisión:** los Estados miembros de la UE tendrán autoridades nacionales de supervisión para supervisar y hacer cumplir la Directiva. Estas autoridades supervisoras pueden imponer «sanciones persuasivas, proporcionadas y efectivas», que se calculan de manera proporcional a la facturación neta mundial de la empresa.

- **Responsabilidad civil:** los Estados miembros deberán garantizar que las víctimas de impactos adversos tengan acceso efectivo a la justicia y a una compensación. La responsabilidad civil por daños será posible en los casos en que la empresa «intencionalmente o por negligencia» no haya evitado y mitigado el impacto, o no haya puesto fin a los impactos y minimizado su alcance, y cuando esto haya causado daños.

- **Barreras a la justicia:** La Directiva aborda algunas de las barreras a la justicia que existen para las víctimas de impactos adversos: dificultades para acceder a las pruebas, duración limitada de los plazos de prescripción, ausencia de mecanismos adecuados para acciones representativas y costes asociados a los procedimientos de responsabilidad civil.

Por otro lado, hay que señalar otra novedad importante, el llamado plan de transición climática. La Directiva tiene el objetivo de «garantizar la transición de las empresas hacia una economía sostenible, en particular para reducir los daños existenciales y costes del cambio climático, garantizar una armonización con el objetivo de cero emisiones netas a escala mundial para 2050, evitar cualquier afirmación engañosa en relación con dicha armonización y poner fin al blanqueo ecológico, la desinformación y la expansión de los combustibles fósiles a escala mundial a fin de alcanzar los objetivos climáticos internacionales y europeos». Para ello se pide a las empresas que adopten y pongan en práctica un plan de transición para la mitigación del cambio climático. El plan debe incluir objetivos con plazos determinados relacionados con su objetivo climático para 2030 y en pasos subsiguientes hasta 2050.

Finalmente, resulta necesario llamar la atención sobre el reciente Paquete Ómnibus lanzado por la Comisión Europea en febrero de 2025, el cual pretende simplificar y reducir la carga administrativa de las regulaciones de sostenibilidad para las empresas, lo cual podría suponer una reducción significativa de las obligaciones de las empresas en relación con la CSDDD.

7.4. Otras iniciativas sectoriales

En el contexto de la Unión Europea, ya existen una serie de iniciativas que imponen determinadas obligaciones de diligencia debida a las empresas en relación con determinados sectores o materias, como el Reglamento de la madera y el Reglamento sobre minerales de conflicto.

– **Reglamento sobre la Madera:** El Reglamento exige a los operadores que comercializan madera y productos de la madera en el mercado de la UE que desarrollen o utilicen un sistema de diligencia debida para evaluar el riesgo de que la madera haya sido talada o comercializada ilegalmente. Esto implica recopilar información sobre la madera que desean importar, evaluar la probabilidad de que sea legal y tomar medidas para mitigar el riesgo de importar madera ilegal. Se considera el primer instrumento jurídico a nivel de la Unión Europea que incluye requisitos de diligencia debida obligatoria.

– **El Reglamento sobre minerales de conflicto:** El Reglamento exige a los importadores de la UE de estaño, tantalio, tungsteno y oro que sigan un marco de cinco pasos para: establecer sistemas de gestión empresarial sólidos; identificar y evaluar el riesgo en la cadena de suministro; diseñar e implementar una estrategia para responder a los riesgos identificados; llevar a cabo una auditoría independiente de terceros de la diligencia debida de la cadena de suministro; e informar anualmente sobre la diligencia debida de la cadena de suministro.

Finalmente, el 23 de abril de 2024 el Parlamento Europeo votó a favor de un nuevo reglamento que permite a la UE prohibir la venta, importación y exportación de bienes fabricados mediante trabajo forzoso (el cual fue finalmente aprobado por el Consejo el 19 de noviembre de 2024). Las autoridades de los Estados miembros y la Comisión Europea podrán investigar mercancías, cadenas de suministro y fabricantes sospechosos. Si se considera que un producto ha sido elaborado mediante trabajo forzoso, ya no será posible venderlo en el mercado de la UE (incluso en línea) y los envíos serán interceptados en las fronteras de la UE.

7.5. Conclusión

En los últimos años un número creciente de países en Europa ha adoptado o está considerando la adopción de legislación vinculante en materia de debida diligencia, con objeto de convertir esas expectativas en un deber legal por parte de las empresas. Entre estos países destacan Francia, Países Bajos, Alemania y Noruega, si bien existen iniciativas en Suiza, Bélgica, Austria y España. Además, la UE ha aprobado recientemente una Directiva sobre diligencia debida obligatoria que pretende que las grandes empresas que operan en el mercado único adopten políticas para asegurar que todos los que intervienen en su cadena de actividades, respeten los derechos humanos y el medio ambiente. A pesar de las diversas modificaciones al texto inicial de la Directiva, esto representa un momento histórico en el área de las empresas y los derechos humanos. No obstante, aún queda mucho por hacer en la implementación del deber corporativo de respetar los derechos humanos. No hay que olvidar que los procesos de debida diligencia son sólo uno de los instrumentos disponibles y dichos mecanismos deben ser complementados por otras medidas de rendición de cuentas a nivel nacional, regional e internacional para evitar la impunidad.

7.6. Bibliografía

Daniel IGLESIAS MÁRQUEZ, Estrella DEL VALLE CALZADA, María Chiara MARULLO, *Hacia la diligencia debida obligatoria en derechos humanos: propuestas regulato-*

rias y lecciones aprendidas, Colex, Coruña, disponible en: https://www.colexopenaccess.com/libros/hacia-diligencia-debida-obligatoria-derechos-humanos-propuestas-regulatorias-y-lecciones-aprendidas-7735

Adoración GUAMÁN HERNÁNDEZ, «Diligencia debida en derechos humanos y empresas transnacionales: de la ley francesa a un instrumento internacional jurídicamente vinculante sobre empresas y derechos humanos», *Lex Social: Revista De Derechos Sociales*, 8(2) (2018) pp. 216-250 disponible en https://www.upo.es/revistas/index.php/lex_social/article/view/3492

Carmen MÁRQUEZ CARRASCO, «Instrumentos sobre la debida diligencia en materia de Derechos Humanos: Orígenes, evolución y perspectivas de futuro», *Cuadernos de Derecho Transnacional,* Vol. 14, N.º 2 (2022) pp. 605-642, disponible en https://e-revistas.uc3m.es/index.php/CDT/article/view/7198/5636

Carmen MÁRQUEZ CARRASCO, «Todos los ojos puestos en Bruselas: Las claves de la futura Directiva sobre Diligencia debida en Materia de Sostenibilidad Empresarial», *Revista Española de Empresas y Derechos Humanos,* N.º 1 (2023) disponible en https://revistadeempresasyderechoshumanos.colex.es/wp-content/uploads/2023/08/hgiygj.pdf

DOCUMENTOS:

Directiva (UE) 2024/1760 del Parlamento Europeo y del Consejo, de 13 de junio de 2024, sobre diligencia debida de las empresas en materia de sostenibilidad y por la que se modifican la Directiva (UE) 2019/1937 y el Reglamento (UE) 2023/2859: https://eur-lex.europa.eu/legal-content/ES/TXT/?uri=CELEX:32024L1760

Ley de Esclavitud Moderna del Reino Unido (2015): https://www.legislation.gov.uk/ukpga/2015/30/contents/enacted

Ley francesa sobre el Deber de Vigilancia (2017): https://www.legifrance.gouv.fr/loda/id/JORFTEXT000034290626

Ley neerlandesa de Diligencia Debida en materia de Trabajo Infantil (2019): https://zoek.officielebekendmakingen.nl/stb-2019-401.html

Ley alemana sobre Diligencia Debida en las Cadenas de Suministro (2021): https://www.bundestag.de/dokumente/textarchiv/2021/kw23-de-lieferkettengesetz-845608

Ley noruega sobre Transparencia Empresarial y Trabajo Digno (2021): https://www.stortinget.no/nn/Saker-og-publikasjonar/Vedtak/lovvedtak-og-lovmerknader/Lovvedtak/2020-2021/vedtak-202021-176/?all=true

Reglamento (UE) n ° 995/2010 del Parlamento Europeo y del Consejo, de 20 de octubre de 2010, por el que se establecen las obligaciones de los agentes que comercializan madera y productos de la madera: https://eur-lex.europa.eu/legal-content/ES/TXT/?uri=CELEX:32010R0995

Reglamento (UE) 2017/821 del Parlamento Europeo y del Consejo de 17 de mayo de 2017 por el que se establecen obligaciones en materia de diligencia debida en la cadena de suministro por lo que respecta a los importadores de la Unión de estaño, tantalio y wolframio, sus minerales y oro originarios de zonas de conflicto o de alto riesgo: https://eur-lex.europa.eu/legal-content/ES/TXT/?toc=OJ%3AL%3A2017%3A130%3ATOC&uri=uriserv%3AOJ.L_.2017.130.01.0001.01.SPA

Reglamento del Parlamento Europeo y del Consejo por el que se prohíben en el mercado de la Unión los productos realizados con trabajo forzoso y se modifica la Directiva (UE) 2019/1937: https://data.consilium.europa.eu/doc/document/PE-67-2024-INIT/es/pdf

WEBS DE INTERÉS:

SOMO, Centre for Research on Multinational Corporations: https://www.somo.nl/

EUROPEAN COALITION FOR CORPORATE JUSTICE: https://corporatejustice.org/

TEMA 8

EL PROCESO HACIA UN TRATADO EN MATERIA DE EMPRESAS Y DERECHOS HUMANOS

8.1. Introducción y objetivos generales

El grupo de trabajo intergubernamental de composición abierta sobre empresas transnacionales y otras empresas comerciales con respecto a los derechos humanos (OEIGWG) se estableció en 2014 en respuesta a la resolución 26/9 del Consejo de Derechos Humanos con el mandato de elaborar un instrumento internacional jurídicamente vinculante para regular las actividades de las empresas transnacionales y otras empresas en el derecho internacional de los derechos humanos.

En este sentido, los Principios Rectores sobre Empresas y Derechos Humanos exigen desarrollos legales a nivel internacional, regional y nacional que puedan proteger eficazmente contra los abusos de los derechos humanos relacionados con las empresas. Por ello, el proceso del tratado representa una oportunidad para fomentar el respeto empresarial por los derechos humanos, allanando el camino para que las operaciones empresariales sean más responsables y se alineen con los principales instrumentos de derechos humanos. El tratado internacional representa uno de los mecanismos para fomentar ese respeto empresarial por los derechos humanos dentro de un conjunto de medidas entendidas como «smart mix» que combina medidas voluntarias y vinculantes, así como medias a nivel internacional, regional, nacional y operacional.

Los objetivos de este tema son:

– Analizar el contexto y los avances en el proceso de elaboración de un instrumento internacional jurídicamente vinculante sobre empresas y derechos humanos en el trabajo de la ONU.

– Examinar las distintas versiones del proyecto de tratado sobre empresas y derechos humanos desde el Borrador Cero hasta el actual borrador de 2023.

Tras la adopción de los Principios Rectores sobre Empresas y Derechos Humanos en 2011, se planteó la necesidad de seguir avanzando con un proceso de elaboración de un tratado sobre empresas y derechos humanos. Tras varios intentos de adoptar un instrumento vinculante en los años 70 y los años 2000, el Consejo de Derechos Humanos estableció un grupo de trabajo en 2014 con la tarea de elaborar dicho instrumento. Desde entonces se han adoptado distintas versiones con distinto nivel de apoyo por parte de los Estados y otras partes interesadas.

8.2. Contexto del tratado en el trabajo de la ONU

Como explicamos anteriormente, desde la década de los años setenta la agenda de las Naciones Unidas ha puesto en marcha diversos intentos y procesos para regular jurídicamente las actividades de las empresas en virtud del derecho internacional de los derechos humanos.

El primer intento para regular internacionalmente a las empresas se inició con la elaboración del Proyecto de Código de Conducta para las Empresas Transnacionales (última versión de 1990). El Proyecto de Código estaba dividido en tres secciones principales donde se contemplaba imponer ciertas obligaciones a las actividades de las empresas transnacionales, establecer reglas generales para el trato que éstas debían recibir en los Estados donde operaran, así como las medidas a adoptar para la implementación del Código de Conducta, tanto a nivel nacional como internacional. Finalmente, debido a la división ideológica entre los países industrializados y los países en vías de desarrollo, y la falta de consenso, el Código no fue adoptado oficialmente.

En 2003, hubo otro intento de adoptar un instrumento jurídicamente vinculante. La Subcomisión de Promoción y Protección de los Derechos Humanos aprobó las Normas de las Naciones Unidas sobre Responsabilidades de las Empresas Transnacionales y otras Empresas Comerciales en la esfera de los Derechos Humanos tras cuatro años de consulta y preparación. El Proyecto de Normas intentaba abordar la insuficiencia del enfoque tradicional centrado en el Estado para regular el comportamiento empresarial en la era de la globalización. Las organizaciones de la sociedad civil respaldaron firmemente las Normas, pero la reacción de las empresas fue en gran medida hostil y muchos gobiernos también se sintieron incómodos con el documento. Hubo fuertes presiones por parte de actores empresariales como la Organización Internacional de Empleadores y la Cámara de Comercio Internacional. La mayoría de las críticas se referían al hecho de que las Normas no distinguían claramente entre las obligaciones de derechos humanos de los Estados y las responsabilidades de las empresas. Otros argumentaron que el derecho internacional de los derechos humanos sólo podía ser aplicable a los Estados, rechazando así la idea de que las empresas pudieran tener obligaciones en materia de derechos humanos.

Tras el abandono de las Normas, el Comité de Derechos Humanos (ahora Consejo de Derechos Humanos) estableció el mandato del profesor John Ruggie como Representante Especial del Secretario General para la cuestión de los Derechos Humanos y las Empresas Transnacionales y Otras Empresas que dio lugar a los ya conocidos Principios Rectores de la ONU sobre Empresas y Derechos Humanos. Sin embargo, los Principios Rectores no dejaban de ser un instrumento de *soft law* y se planteó la necesidad de continuar debatiendo sobre un posible instrumento jurídicamente vinculante. Como indica, Iglesias Márquez «el tratado es concebido como una repuesta para abordar las limitaciones y superar los obstáculos que presentan los Principios Rectores, sobre todo en relación con la implementación a nivel nacional del tercer pilar sobre el acceso a los mecanismos de reparación, que ha recibido poca atención por parte de los Estados». Por otro lado, Letnar Černič reconoce que tanto los Principios Rectores como el tratado propuesto tienen ventajas y desventajas propias. Por lo tanto, la mejor estrategia puede ser continuar con varias iniciativas para mejorar el acceso de las víctimas a los recursos y enseñar a las corporaciones cómo aplicar la diligencia debida efectiva para prevenir posibles abusos contra los derechos humanos. Finalmente, el Consejo de Derechos Humanos adoptó en julio de 2014 la Resolución 26/9 relativa a la «Elaboración de un instrumento internacional jurídicamente vinculante sobre las empresas transnacionales y otras empresas comerciales en materia de derechos humanos» (A/HRC/RES/26/9), a cargo del grupo de trabajo intergubernamental de composición abierta sobre empresas transnacionales y otras empresas comerciales con respecto a los derechos humanos (OEIGWG). Esta resolución «responde principalmente a las demandas de los Estados del Sur Global y de la sociedad civil de cubrir los vacíos existentes en relación con la gobernanza global de las actividades de las empresas y, sobre todo, para nivelar la asimetría normativa en favor de las empresas que gozan de derechos sustantivos y de reparación, pero carecen de obligaciones directas en el marco del derecho internacional» (Iglesias Márquez).

Fue el Estado de Ecuador quien comenzó a promover durante la 24.ª sesión del Consejo de Derechos Humanos la necesidad de contar con un instrumento internacional para regular las actividades empresariales ante los impactos negativos en los derechos humanos. Ecuador, como otros países del Sur Global, había experimentado los impactos negativos de las actividades y operaciones empresariales, como quedó patente en el caso *Chevron-Texaco* (2011) donde la Corte Provincial de Sucumbíos dictó sentencia a favor de las personas afectadas por los impactos ambientales causados por las actividades de dicha empresa, reconociendo así el derecho a una compensación por los daños sufridos.

La resolución 26/9 fue presentada por Ecuador y Sudáfrica, y fue copatrocinada por Bolivia, Cuba y Venezuela y fuertemente respaldada por una impresionante coalición de organizaciones de la sociedad civil que formaron una 'Alianza para el Tratado' en apoyo de un tratado. Sin embargo, el apoyo a la propuesta fue desigual: dentro de los 47 miembros del Consejo de Derechos Humanos (CDH), contó con el apoyo de 20 estados miembros y con la oposición de 14 estados (incluidos los Estados Unidos y los Estados miembros de la Unión Europea), mientras que 13 estados miembros del CDH se abstuvieron.

8.3. Primeros borradores del tratado

Siguiendo el mandato de la resolución 26/9 de 2014, el 2 de octubre de 2017, el presidente del OEIGWG publicó el documento «Elementos para el proyecto de instrumento jurídicamente vinculante», al que siguieron cinco proyectos (del cero al borrador actualizado de 2023).

Cronología del proceso de adopción del tratado sobre empresas y derechos humanos

- **2024**: La décima sesión del OEIGWG se llevó a cabo del 16 al 20 de diciembre en Ginebra.

- **2023**: Entre abril y junio se llevaron a cabo algunas consultas entre sesiones entre los estados. En julio de 2023 se publicó un borrador actualizado. La novena sesión del OEIGWG tuvo lugar del 23 al 27 de octubre en Ginebra.

- **2022**: La octava sesión del OEIGWG tuvo lugar del 24 al 28 de octubre de 2022. El tercer borrador revisado y las propuestas textuales concretas presentadas por los Estados durante la séptima sesión sirvieron como base para las discusiones en la reunión del OEIGWG. En noviembre de 2022, el Presidente-Relator anunció la publicación del comentario sobre las propuestas informales presentado en la octava sesión y una tabla que muestra dónde se pueden encontrar elementos del tercer borrador revisado en las propuestas informales.

- **2021**: En agosto se publicó el tercer borrador revisado. La séptima sesión del OEIGWG tuvo lugar del 25 al 29 de octubre de 2021.

- **2020**: El segundo borrador revisado se publicó en agosto. La sexta sesión del OEIGWG se llevó a cabo del 26 al 30 de octubre de 2020.

- **2019**: El Borrador Revisado se publicó en julio. En octubre, las partes interesadas brindaron aportes sobre el contenido en la quinta sesión del OEIGWG.

- **2018**: En julio, el IGWG presentó el Borrador Cero, seguido de su borrador de Protocolo Facultativo. Las partes interesadas brindaron aportes sobre el Borrador Cero durante la cuarta sesión del OEIGWG en octubre de 2018.

- **2017:** El Presidente-Relator publicó el documento «Elementos para el proyecto de instrumento jurídicamente vinculante» como punto de partida.

- **2014:** En junio, el Consejo de Derechos Humanos de la ONU en Ginebra adoptó una resolución redactada por Ecuador y Sudáfrica. Se estableció un grupo de trabajo intergubernamental de composición abierta (OEIGWG), presidido por Ecuador, con el mandato de elaborar un instrumento internacional jurídicamente vinculante sobre las empresas transnacionales y otras empresas comerciales con respecto a los derechos humanos.

Fuente: Business & Human Rights Resource Centre

El Borrador Cero, publicado en julio de 2018, fue uno de los pasos más importantes en el complejo proceso de elaboración de un instrumento jurídicamente vinculante sobre empresas y derechos humanos que ha tenido lugar en los últimos años. Además, junto con el Proyecto Cero, en septiembre de 2018, el OEIGWG publicó un Proyecto de Protocolo Facultativo. El Borrador Cero dio lugar a opiniones encontradas entre organizaciones internacionales, organizaciones empresariales, sociedad civil y academia ya que muchas de las disposiciones eran imprecisas e inconsistentes en relación con otras del propio texto y, por otro lado, algunas eran reiterativas de obligaciones y principios generales del derecho internacional. En julio de 2019 se presentó una versión revisada que presentaba mejoras sustanciales, así como una mejora de la estructura, contenido y lenguaje siendo éste mucho más preciso y claro.

En cuanto al segundo borrador revisado de 2020, en comparación con el Borrador Cero y el Borrador Revisado de 2019, éste es más cohesivo y está mejor alineado con los Principios Rectores ya que intenta lograr un equilibrio más justo entre los intereses contrapuestos de los Estados, las empresas y las organizaciones de la sociedad civil. Como indicaron algunos autores, el segundo borrador era más factible políticamente sin comprometer indebidamente la trayectoria normativa deseable del mismo.

La séptima sesión del OEIGWG, celebrada en octubre de 2021, debatió el tercer borrador. Varios países del Sur incluidos Sudáfrica, Cuba, Venezuela, Namibia, Paraguay, Bolivia, Ecuador e India, expresaron su continuo apoyo al proceso.

También fue la primera sesión en la que Estados Unidos participó, el cual se había mantenido reservado sobre el proceso, insistiendo en la necesidad de consenso y sugiriendo la posibilidad de buscar formatos alternativos, como por ejemplo un «tratado marco». Si bien se han logrado avances en una serie de cuestiones, los niveles de apoyo para el borrador continúan variando significativamente entre los estados, y algunos países todavía se oponen. La sesión terminó con la decisión de continuar las consultas y establecer un grupo de «Amigos del Presidente» para trabajar en la obtención de apoyo para el proyecto.

El tercer borrador revisado mantiene la estructura, alcance y contenido de los dos borradores anteriores de 2019 y 2020, mejorando el estilo y aclarando algunas cuestiones. Abarca todas las actividades empresariales, incluidas actividades empresariales de carácter transnacional. También cubre todos los derechos humanos reconocidos internacionalmente que son vinculantes para los Estados partes, mencionando explícitamente no sólo tratados de derechos humanos y las normas de la OIT, sino también la Declaración Universal de Derechos Humanos (que no es vinculante como tal, sólo en la medida en que se ha convertido en parte del derecho consuetudinario). Da igual énfasis a la prevención, basada en la diligencia debida y la reparación. El tercer borrador pone su énfasis central en los derechos de las víctimas de abusos de derechos humanos en el contexto de actividades empresariales, como el derecho de acceso a la justicia, protección contra intimidación, represalias, violaciones de la privacidad, acceso a la información y asistencia jurídica. Más concretamente:

– El proyecto exige que los Estados partes regulen las empresas comerciales para garantizar que respetan los derechos humanos. Los Estados partes exigirán a las empresas que lleven a cabo la diligencia debida con el objetivo de identificar, evitar, prevenir y mitigar eficazmente los abusos de derechos.

– Fortalecer la responsabilidad corporativa: las jurisdicciones nacionales deberían prever medidas penales, civiles y/o disuasorias eficaces, proporcionadas y sanciones administrativas a personas físicas o jurídicas que realicen actividades empresariales que den lugar a abusos contra los derechos humanos. La responsabilidad debe extenderse en el caso de empresas transnacionales a las relaciones comerciales que éstas controlan, gestionan o supervisan.

– Provisión de recursos efectivos y acceso a la justicia: el derecho a recursos efectivos es fundamental para el derecho internacional de los derechos humanos y los Principios Rectores; sin embargo, en la práctica, las víctimas de abusos corporativos tienen dificultades para acceder a soluciones. Para abordar esto, el tercer borrador define la jurisdicción aplicable de manera amplia, incluyendo los tribunales del país donde las personas jurídicas o naturales que presuntamente hayan cometido o causado un daño estén domiciliadas. El tercer borrador pretende facilitar también el acceso a la justicia limitando el uso de la doctrina del *forum non conveniens* (en base a la cual se puede decidir que los intereses de la justicia se ven mejor atendidos por un tribunal en el país donde ocurrió el daño) cuando los jueces deciden invertir la carga de la prueba sobre las empresas.

– El acceso a la justicia conlleva numerosas facilidades para las víctimas: acceso a información, asistencia jurídica adecuada y efectiva a las víctimas proporcionada por el Estado, eliminación de obstáculos legales y posibilidad de que los jueces inviertan la carga de la prueba en relación con el acusado.

– El tercer borrador impone a los Estados la obligación de prestarse asistencia jurídica mutua en la mayor medida posible. Las decisiones judiciales pertinentes serán reconocidas en otro estado.

– Mecanismos de seguimiento y aplicación: el tercer borrador prevé el establecimiento de un comité internacional compuesto por 12 expertos, que brindaría orientación sobre la comprensión y la implementación del tratado, recibiría informes periódicos de los Estados partes y proporcionaría recomendaciones basadas en estos informes.

– Personas defensoras de derechos humanos: el preámbulo contiene una referencia a las personas defensoras de derechos humanos, la cual ha sido una de las principales recomendaciones de la sociedad civil.

En julio de 2023, se publicó un borrador actualizado del instrumento jurídicamente vinculante, antes de la novena sesión del OEIGWG, el cual se basa en consultas entre los estados celebradas entre abril y junio de 2023. El borrador actual se basa aún más que los borradores anteriores en los

Principios Rectores de las Naciones Unidas sobre las Empresas y los Derechos Humanos, el marco acordado internacionalmente en el campo de las empresas y los derechos humanos. Además, el borrador se ha simplificado significativamente. Muchas formulaciones tienen un mayor grado de claridad y, por tanto, son más sólidas desde el punto de vista jurídico. Al mismo tiempo, el proyecto otorga a los Estados partes una mayor flexibilidad en varios aspectos, lo que facilita la aceptación y promueve la implementabilidad.

Sin embargo, según la Federación Internacional de Derechos Humanos (FIDH), el texto en su forma actual contiene muchas lagunas estructurales que deben colmarse en el curso de las próximas negociaciones para que el tratado tenga relevancia y represente un paso adelante en la protección de los derechos humanos frente a los abusos empresariales. Por ejemplo, se ha indicado que el texto no refleja debidamente la diferencia entre los impactos sobre los derechos humanos que una empresa puede «causar o contribuir a través de sus propias actividades» y los que están «directamente relacionados con sus operaciones, productos o servicios». Por otro lado, también se indica que el texto se refiere simplemente a «abusos» y no a «violaciones». En este sentido, se argumenta que deberían agregarse referencias a las violaciones para garantizar que el instrumento cubra las violaciones cometidas por los Estados. Además, según la FIDH, es esencial que las mujeres (en toda su diversidad) sean centrales en todas las etapas del desarrollo, implementación y monitoreo de la regulación efectiva de las actividades empresariales. Otras organizaciones feministas también han pedido que se aplique una lente feminista al lenguaje y las disposiciones del tratado.

8.4. Relación del tratado con otros instrumentos

En una declaración conjunta antes de la séptima sesión del OEIGWG, los expertos en derechos humanos de la ONU subrayaron que, si bien instrumentos regionales como la directiva de la UE están en camino, el proceso de negociación de un instrumento internacional brinda una oportunidad para que los Estados unifiquen el marco de actuación y eviten enfoques fragmentados en relación con la responsabilidad empresarial.

En este sentido, si las regiones legislan de forma no coordinada y presentan normas de conducta divergentes para las empresas, esto podría dar lugar a un mosaico desigual de normas en todo el mundo que haría la situación más compleja y desigual tanto para las personas como para las empresas afectadas, creando nuevas lagunas para las empresas, las cuales podrían eludir su responsabilidad, crearía incertidumbre regulatoria y les permitiría optar por invertir en países con bajos estándares de protección. Por ello es necesario contar con un instrumento internacional vinculante para brindar protección a los titulares de derechos en todo el mundo y evitar que las empresas que operan transnacionalmente tengan diferentes obligaciones de derechos humanos y ambientales en diferentes países y regiones.

Además, las crisis que trascienden fronteras, como la emergencia climática, el colapso de la biodiversidad y cuestiones relacionadas como la deforestación, requieren soluciones globales. Por ejemplo, para alcanzar objetivos ya acordados en acuerdos ambientales multilaterales como el Acuerdo de París, se necesita un esfuerzo coordinado para obligar legalmente a las empresas a reducir sus emisiones de gases de efecto invernadero.

La resolución del Parlamento Europeo sobre diligencia debida y responsabilidad corporativa de marzo de 2021 también pidió a la UE que finalmente participe en las negociaciones de la ONU sobre el tratado. Y en una carta de todos los partidos a la Comisión Europea, 75 eurodiputados señalaron que, para ser eficaz y viable, la regulación a nivel de la UE debe ser complementaria y estar alineada con el proyecto de tratado de la ONU. Para evitar una carrera a la baja en materia de estándares, ambos procesos deben alinearse hacia una armonización ascendente y trabajar para prevenir y reparar eficazmente los daños.

En todo caso, hay tres motivos principales que llaman a la complementariedad de los distintos instrumentos normativos sobre empresas y derechos humanos, en particular el tratado con otros instrumentos regionales de diligencia debida.

En primer lugar, hay que apuntar que la responsabilidad corporativa va más allá de la debida diligencia. El proyecto de tratado reconoce que es necesario un enfoque más holístico de la responsabilidad corporativa, más allá de una obligación de diligencia debida. El proyecto incluye una gama más amplia de disposiciones diseñadas para garantizar que las medidas de prevención sean efectivas y que se garantice el acceso a reparación y justicia para las personas afectadas en caso de daños. Al incluir disposiciones sobre la responsabilidad de las empresas, los obstáculos a la justicia y la reparación y la prevención, el tratado constituiría un nivel adicional de protección para las comunidades e individuos afectados por daños corporativos en todo el mundo. Un punto fuerte del actual borrador del tratado en el que la legislación de la UE podría inspirarse es que insiste en la separación entre diligencia debida y responsabilidad por daños ya que la diligencia debida en materia de derechos humanos no debería eximir automáticamente de responsabilidad a una persona física o jurídica por causar o contribuir a abusos contra los derechos humanos o por no prevenir tales abusos.

En segundo lugar, queda claro que los problemas globales requieren soluciones globales. Al responder a una laguna legal y de gobernanza a nivel global, el tratado tiene el potencial de contribuir a lograr la rendición de cuentas y la justicia transnacionales, ya que esto no puede abordarse de manera integral a través de legislaciones regionales como las de la UE. De hecho, las disposiciones del tratado tienen como objetivo garantizar que las empresas que operan transnacionalmente no puedan eludir su responsabilidad a través de lagunas o brechas que impidan a las víctimas en todo el mundo presentar con éxito un caso judicial contra una empresa en otra jurisdicción (por ejemplo, el país de origen de la empresa). Además, un instrumento internacional ofrecería igualdad de condiciones para las empresas que operan en todo el mundo, limitando los riesgos del llamado «forum shopping», donde las empresas podrían optar por invertir o trasladar sus operaciones a regiones donde los estándares en materia de derechos humanos y medio ambiente fueran más débiles.

Por último, es importante que las legislaciones regionales se complementen con las disposiciones del tratado evitando estándares contradictorios y/o inadecuados. Por esta razón, las reformas legislativas en la UE deben inspirarse en el proyecto de tratado para ir más allá de las obligaciones procesales de debida diligencia y legislar sobre obligaciones sustantivas, así como una gama más amplia de disposiciones diseñadas para prevenir y reparar eficazmente los daños.

8.5. Conclusión

El tratado sobre empresas y derechos humanos representa uno de los procesos más ambiciosos en el ámbito de las empresas y los derechos humanos que servirá para establecer estándares para Estados y empresas a nivel global. Se trata de un proceso largo y complejo que requiere del apoyo de Estados, organizaciones internacionales, organizaciones empresariales y sociedad civil. A pesar de los desarrollos normativos a nivel regional y nacional, aún se necesita un instrumento internacional jurídicamente vinculante para que las violaciones de derechos humanos y los daños ambientales cometidas por empresas se aborden de manera integral y coordinada en todo el mundo, evitando la fragmentación y los estándares contradictorios. En particular, hay que enfatizar la necesidad de abordar la responsabilidad corporativa de forma global y no únicamente centrada en los procesos de debida diligencia, sino también en la reparar y el acceso a la justicia de los titulares de derechos.

8.6. Bibliografía

Daniel IGLESIAS MÁRQUEZ, «Hacia la adopción de un tratado sobre empresas y derechos humanos: viejos debates, nuevas oportunidades», *Deusto Journal of Human Rights* 4 (2019), pp. 145-176, http://dx.doi.org/18543/djhr-4-2019pp145-176

Jernej LETNAR ČERNIČ, «Business & Human Rights: How should we move forward?», *BHRRC*, 16 de noviembre de 2015, https://www.business-humanrights.org/en/blog/business-human-rights-how-should-we-move-forward/

Olivier DE SCHUTTER, «Towards a New Treaty on Business and Human Rights», *Business and Human Rights Journal* 1 (2) (2016), pp. 41-67, doi:10.1017/bhj.2015.5

DOCUMENTOS:

Resolución aprobada por el Consejo de Derechos Humanos 26/9. Elaboración de un instrumento internacional jurídicamente vinculante sobre las empresas transnacionales y otras empresas con respecto a los derechos hu-

manos, 14 de julio de 2014, A/HRC/RES/26/9: https://www.ohchr.org/es/hr-bodies/hrc/wg-trans-corp/igwg-on-tnc

Zero draft (2018): https://www.ohchr.org/sites/default/files/Documents/HRBodies/HRCouncil/WGTransCorp/Session3/DraftLBI.pdf

Revised Draft (2019): https://www.ohchr.org/sites/default/files/Documents/HRBodies/HRCouncil/WGTransCorp/OEIGWG_RevisedDraft_LBI.pdf

Second Revised Draft (2020): https://www.ohchr.org/sites/default/files/Documents/HRBodies/HRCouncil/WGTransCorp/Session6/OEIGWG_Chair-Rapporteur_second_revised_draft_LBI_on_TNCs_and_OBEs_with_respect_to_Human_Rights.pdf

Third Revised Draft (2021): https://www.ohchr.org/sites/default/files/Documents/HRBodies/HRCouncil/WGTransCorp/Session6/LBI3rdDRAFT.pdf

Updated Draft (2023): https://www.ohchr.org/sites/default/files/documents/hrbodies/hrcouncil/igwg-transcorp/session9/igwg-9th-updated-draft-lbi-clean.pdf

WEBS DE INTERÉS:

ACNUDH, Proceso del Tratado sobre Empresas y Derechos Humanos: https://www.ohchr.org/en/business-and-human-rights/bhr-treaty-process

BUSINESS & HUMAN RIGHTS RESOURCE CENTRE, Binding Treaty: https://www.business-humanrights.org/en/big-issues/binding-treaty/#blog

OEIGWG, Mandato y sesiones: https://www.ohchr.org/es/hr-bodies/hrc/wg-trans-corp/igwg-on-tnc

TEMA 9

EMPRESAS, DERECHOS HUMANOS Y PERSONAS DEFENSORAS

9.1. Introducción y objetivos generales

Las amenazas a los defensores de los derechos humanos son una preocupación creciente en todo el mundo. Un gran número de defensores de los derechos humanos están bajo amenazas y ataques porque expresan su preocupación por los impactos adversos de las actividades empresariales sobre los derechos humanos y el medio ambiente, a menudo en el contexto de grandes proyectos de desarrollo que afectan el acceso a la tierra y los medios de vida. Al mismo tiempo, el espacio para que los actores de la sociedad civil expresen sus preocupaciones sobre los impactos en los derechos humanos se está reduciendo, y los defensores de los derechos humanos enfrentan la criminalización cuando participan en protestas públicas o disidencias civiles.

En este contexto, existe una creciente preocupación sobre el posible papel de las empresas al contribuir a dichos ataques contra defensores de los derechos humanos o al no tomar las medidas necesarias para prevenirlos. Los Estados tienen la obligación primordial de garantizar los derechos y la protección de las personas defensoras de los derechos humanos, como se establece en varios instrumentos de derechos humanos, en particular la Declaración de las Naciones Unidas sobre los Defensores de los Derechos Humanos, así como en muchas otras resoluciones del Consejo de Derechos Humanos y de la Asamblea General de las Naciones Unidas.

La importancia del papel de las personas defensoras con respecto a los impactos en los derechos humanos provocados por las actividades y operaciones empresariales se reconoce en los Principios Rectores de la ONU sobre las Empresas y los Derechos Humanos. Los Principios Rectores destacan el papel clave que pueden tener los defensores de los derechos humanos en la debida diligencia en materia de derechos humanos y a la hora de que las empresas comprendan las preocupaciones de las partes interesadas afectadas. En particular, los Principios Rectores:

- Instan a las empresas a consultar a los defensores de los derechos humanos como parte de sus procesos de debida diligencia en materia de derechos humanos y medio ambiente, ya que los defensores tienen un papel clave como guardianes, defensores y representantes de las partes interesadas afectadas.

- Instan a los Estados a garantizar que no se obstaculicen las actividades legítimas de los defensores de los derechos humanos.

Los objetivos de este tema son:

- Examinar el papel crucial que juegan las personas defensoras de derechos humanos a la hora de denunciar abusos empresariales y ser oídas en los procesos de debida diligencia como partes interesadas.

- Explorar el fenómeno de las demandas estratégicas contra la participación pública (SLAPP) y su impacto en el trabajo de las personas defensoras.

Los Principios Rectores de la ONU sobre Empresas y Derechos Humanos reconocen el papel clave de las personas defensoras de derechos humanos a la hora de informar sobre potenciales impactos adversos a los derechos humanos derivados de la conducta empresarial, así como su participación en los procesos de debida diligencia en cuanto partes interesadas o representantes de las mismas. Sin embargo, las personas defensoras son objeto de amenazas, represalias y agresiones por el trabajo que realizan. Actualmente, una de las medidas utilizadas para silenciar o intimidar a los defensores de derechos humanos son las demandas estratégicas contra la participación pública empleadas por algunas empresas para frenar y debilitar a quienes se oponen a sus actividades o presentan quejas sobre sus malas prácticas.

9.2. Actividad empresarial y personas defensoras de derechos humanos

Los defensores de los derechos humanos (DDH) desempeñan un papel fundamental en la sensibilización sobre las actividades empresariales que tienen un impacto adverso sobre los derechos humanos y el medio ambiente. En particular, los DDH pueden ayudar a las comunidades e individuos afectados a buscar una reparación adecuada como resultado de las actividades y relaciones empresariales. Sin embargo, los DDH enfrentan constantes ataques, incluyendo criminalización, difamación y acoso, principalmente debido a su oposición y resistencia a proyectos y actividades empresariales que tienen impactos negativos en las personas y el medio ambiente. En este contexto, las empresas pueden estar directa o indirectamente involucradas en ataques contra defensores.

Según el Business and Human Rights Resource Centre (BHRRC), desde enero de 2015 hasta marzo de 2023, se documentaron más de 4.700 ataques contra defensores que denunciaron abusos relacionados con la actividad empresarial. En muchos casos, son líderes o miembros de comunidades indígenas que defienden sus tierras contra los daños causados por proyectos a gran escala como la minería y la construcción de represas. Los ataques contra líderes indígenas a menudo tienen lugar en el contexto de los conflictos que surgen cuando las empresas no consultan adecuada y eficazmente con los pueblos y comunidades indígenas y no obtienen su consentimiento libre, previo e informado para el uso de sus tierras y recursos naturales. Según datos analizados por el BHRRC, en 2021, al menos 104 ataques a personas defensoras se debieron a la falta de consulta efectiva o de consentimiento libre, previo e informado, o a desacuerdos sobre las evaluaciones de impacto. Además, el inquietante número de casos de violencia y asesinatos de personas defensoras está asociado con la continua demanda global de recursos naturales, patrones de producción y un sistema energético global basado en la quema de combustibles fósiles.

En este contexto, el Consejo de Derechos Humanos de la ONU, en su Resolución 40/L.22, expresó su «gran preocupación por la situación de los defensores de los derechos humanos relacionados con el medio ambiente en todo el mundo, y condena enérgicamente los asesinatos y todas las demás violaciones o vulneraciones de los derechos humanos cometidas por agentes estatales y no estatales contra dichos defensores, incluidas las mujeres y las personas indígenas, y destaca que esos actos pueden infringir el derecho internacional y socavar el desarrollo sostenible en los planos local, nacional, regional e internacional». Al mismo tiempo, indicó que «debe garantizarse a los defensores de los derechos humanos, incluidos los defensores de los derechos humanos relacionados con el medio ambiente, un entorno seguro y propicio que les permita llevar a cabo su labor sin obstáculos ni inseguridad, en reconocimiento de que prestan una ayuda importante a los Estados para que cumplan las obligaciones que les incumben en virtud del Acuerdo de París y lleven a la práctica la Agenda 2030 para el Desarrollo Sostenible [...]».

La difícil situación global de las personas defensoras ha dado lugar a un marco internacional para su protección que reconoce y protege el derecho a defenderse. Como punto de partida de este marco internacional, se debe hacer referencia a la Declaración sobre el derecho y el deber de los individuos, los grupos y las instituciones de promover y proteger los derechos humanos y las libertades fundamentales universalmente reconocidos (conocida como Declaración de la ONU sobre los defensores de los derechos humanos) adoptada por la Asamblea General de las Naciones Unidas el 9 de diciembre de 1998.

La Declaración sobre los Defensores de los Derechos Humanos ha servido de inspiración y fundamento para otros instrumentos y mecanismos específicos, a nivel universal y regional, e incluso a nivel nacional, destinados a reconocer y promover la protección de los defensores de derechos humanos. Otros instrumentos regionales clave incluyen la Declaración y Plan de Acción de Grand Bay (Mauricio), adoptados en 1999 en la Conferencia Ministerial de Derechos Humanos de la Unión Africana; la Declaración de Kigali (2003) de la Conferencia Ministerial de Derechos Humanos de la Unión Africana; las Directrices de la Unión Europea sobre los defensores de los derechos humanos, adoptadas por el Consejo de la Unión Europea en 2004 y revisadas en 2006 y 2008; la Declaración de 2008 del Comité de Ministros sobre la acción del Consejo de Europa para mejorar la protección de los defensores de los derechos humanos y promover sus actividades; las Directrices de 2014 de la OSCE sobre la protección de los defensores de los derechos humanos; y la Recomendación de la Comisión (UE) 2022/758, de 27 de abril de 2022, sobre la protección de periodistas y defensores de los derechos humanos que participan en la esfera pública frente a procedimientos judiciales manifiestamente infundados o abusivos («demandas estratégicas contra la participación pública»).

Además, entre los mecanismos de protección específicos destaca la figura del Relator Especial de la ONU sobre la situación de los defensores de derechos humanos, creada en el Consejo de Derechos Humanos en el año 2000. También se han establecido mandatos similares en sistemas regionales de África y las Américas y en virtud de la Convención de Aarhus de 1998 sobre Acceso a la Información, Participación Pública en la Toma de Decisiones y Acceso a la Justicia en Asuntos Ambientales.

Por otro lado, como se ha mencionado, los Principios Rectores proporcionan orientación y principios basados en el derecho internacional de los derechos humanos para que los Estados y las empresas no solo protejan y respeten los derechos de las personas defensoras, sino también para contribuir a un entorno seguro y propicio para su trabajo. Con respecto a los Estados, el Pilar I reafirma su obligación de proteger los derechos humanos, incluida la protección de los derechos de los defensores para que puedan realizar su trabajo a la hora de identificar, informar y tratar de prevenir, mitigar o reparar los impactos adversos de la actividad empresarial en un entorno seguro y propicio. Por lo tanto, a la luz del Principio Rector 1, los Estados deberían promulgar políticas, leyes y regulaciones para prevenir, investigar, castigar y reparar todo tipo de amenazas y ataques a las personas defensoras en el contexto de las actividades empresariales.

Además, según el Principio Rector 2, los Estados deben establecer expectativas claras para las empresas con respecto a la importancia de respetar los derechos de los DDH. De acuerdo con el Principio Rector 3, los Estados también deberían hacer de la protección de las personas defensoras una prioridad en sus políticas nacionales e internacionales. También deberían abordar los riesgos para los DDH a través de sus políticas comerciales y económicas, de conformidad con los Principios Rectores 4 a 6. Finalmente, el Principio Rector 26 señala que los Estados deben garantizar que no se pongan obstáculos en el camino de las actividades legítimas y pacíficas de las personas defensoras de derechos humanos.

El Pilar II de los Principios Rectores representa un paso adelante en el debate en curso sobre las responsabilidades corporativas según el derecho internacional de los derechos humanos, ya que establece que las empresas tienen el deber de respetar los derechos humanos. Esto significa que deben abstenerse de infringir los derechos humanos de otros y abordar cualquier impacto adverso sobre los derechos humanos que pueda surgir. Por tanto, las empresas deben llevar a cabo sus actividades de tal manera que no interfieran ni afecten negativamente el disfrute de los derechos humanos por parte de los empleados, las comunidades, los consumidores u otras personas que puedan verse directa o indirectamente afectadas por sus actividades o relaciones comerciales. Según el Grupo de Trabajo de la ONU sobre Empresas y Derechos Humanos, la responsabilidad corporativa de respetar los derechos humanos incluye apoyar el trabajo de los defensores y prevenir, mitigar y reparar los riesgos y ataques que enfrentan. Esto quiere decir que, si una empresa está directa o indirectamente causando o contribuyendo a ataques contra DDH, su responsabilidad es clara y debe detener dicho ataque y abordar cualquier daño que pueda haber causado.

9.3. El problema de las SLAPP (demandas estratégicas contra la participación pública)

Como se ha mencionado, las empresas pueden verse involucradas en varios tipos de ataques contra DDH, como pueden ser amenazas, agresiones físicas y campañas de difamación. Por otro lado, los procesos judiciales y la criminalización se han estado utilizando cada vez más para silenciar y frenar la oposición a los proyectos empresariales a través de las llamadas demandas estratégicas contra la participación pública (SLAPP por sus siglas en inglés). Las SLAPP son una estrategia empleada por actores corporativos de todo el mundo para frenar y debilitar a quienes se oponen a sus actividades o presentan quejas sobre sus malas prácticas.

El BHRRC ha identificado más de 350 casos de este tipo en todo el mundo desde 2015. El caso de las defensoras de derechos humanos pertenecientes a la Organización Fraternal Negra Hondureña (OFRANEH), que defienden tierras ancestrales garífunas frente a proyectos turísticos, es un ejemplo de los procesos a los que están expuestas las personas defensoras. Estos defensores fueron imputados por un presunto delito de injurias y calumnias contra el empresario propietario de los desarrollos turísticos. También han sido sometidos a detención arbitraria con uso excesivo de la fuerza.

Las SLAPP pueden adoptar la forma de procedimientos judiciales tanto penales como civiles y las entablan empresas de diversos sectores, pero en particular las de la minería, agroindustria, producción maderera y aceite de palma. Su objetivo es intimidar y silenciar a la oposición y desviar recursos de los DDH. Las SLAPP suelen ir acompañadas de campañas que pueden tener un impacto significativo en la reputación de las personas defensoras. A lo largo del mandato del Relator Especial de la ONU sobre la situación de los defensores de los derechos humanos, se ha observado que cada vez con mayor frecuencia los defensores de los derechos humanos son procesados por sus actividades de promoción y protección de los derechos humanos y libertades fundamentales. Además, los juicios a los que se somete a las personas defensoras de derechos humanos suelen ser largos y no cumplen con las normas del debido proceso.

Casos sobre SLAPP recogidos por el BHRRC

– El BHRRC identificó 355 casos que llevan el sello de SLAPP presentados o iniciados por actores empresariales desde 2015 contra individuos y grupos relacionados con su defensa de los derechos humanos y/o el medio ambiente.

– El mayor número de SLAPP tuvo lugar en América Latina (39 %), seguida de Asia y el Pacífico (25 %), Europa y Asia Central (18 %), África (8,5 %) y América del Norte (9 %). Casi tres cuartas partes (73 %) de los casos se presentaron en países del Sur Global.

– El 63 % de los casos involucraron cargos penales.

– La mayoría de las personas y grupos que enfrentan SLAPP (65 % de los casos) expresaron su preocupación por proyectos en cuatro sectores: minería (108), agricultura y ganadería (76), explotación maderera (29) y aceite de palma (20).

– La mayoría de los casos fueron presentados contra individuos (87 %) y al menos el 13 % del total de casos incluyeron cargos contra grupos u organizaciones.

Fuente: Business & Human Rights Resource Centre (BHRRC), 2021

Las SLAPP suelen tener varias características distintivas. La primera es que las sanciones solicitadas son gravemente desproporcionadas con respecto a la conducta que alega la demanda. En segundo lugar, los demandantes utilizan el proceso de litigio para acosar a terceros críticos. En tercer lugar, la demanda parece ser parte de una ofensiva de relaciones públicas más amplia diseñada para tomar represalias e intimidar a los críticos y a la sociedad civil. Por lo general, explotan la desigualdad de recursos financieros y humanos disponibles para las corporaciones frente a los acusados.

Como afirma el BHRRC, «las SLAPP están diseñadas para convertir el sistema de justicia en un arma para intimidar a las personas que ejercen sus derechos y restringir el interés público en la defensa y el activismo» (2021). Estas demandas ejercen una presión significativa sobre los recursos públicos y hacen perder el tiempo a los sistemas judiciales en procesos legales superfluos.

En América Latina, la Comisión Interamericana de Derechos Humanos ha expresado preocupación por la criminalización de personas defensoras mediante el uso indebido del derecho penal, con el objetivo de obstaculizar su labor de defensa e impedir así el ejercicio legítimo de su derecho a defender los derechos humanos. La Comisión ha puesto de manifiesto «la necesidad de diseñar marcos regulatorios que respeten el ejercicio de la protesta social y que la limiten sólo en aquellos aspectos que resultare necesario para proteger otros bienes sociales o individuales de la misma relevancia», añadiendo que «el uso del derecho penal resulta innecesario y desproporcionado, y además constituye un medio de censura indirecta dado su efecto amedrentador e inhibidor del debate sobre asuntos de interés público y la defensa de los derechos» (2015).

A pesar de todo, ha habido algunos avances positivos ya que algunos países han promulgado leyes anti-SLAPP. Además, el Grupo de Trabajo de la ONU sobre Empresas y Derechos Humanos ha publicado orientaciones para los Estados y las empresas sobre las implicaciones de los Principios Rectores sobre Empresas y Derechos Humanos para proteger y respetar el trabajo vital de los defensores de los derechos humanos (2021). En esta guía, el Grupo de Trabajo ha recomendado que los Estados deberían, entre otros:

– Introducir reformas legislativas para prevenir que se inicien casos penales de difamación contra las personas defensoras de los derechos humanos, e impedir que las empresas exijan enormes sumas de dinero por el supuesto daño a su reputación a través de una presunta difamación.

– Sancionar a las empresas por participar en SLAPPs, ya que son un abuso de proceso y no una herramienta legítima que una empresa pueda utilizar para promover sus propios intereses.

9.4. La necesaria participación de las partes interesadas

Las empresas que operan o tienen relaciones comerciales en contextos donde pueden darse ataques o exista peligro para los DDH deben tener en cuenta estos riesgos e impactos en sus procesos de diligencia debida. De acuerdo con el Principio Rector 18, las empresas que operan en tales contextos deben identificar y evaluar cualquier riesgo real o potencial para los defensores causado por sus actividades o relaciones comerciales. Una vez que se hayan identificado y evaluado los riesgos, el Principio Rector 19 establece que las empresas deben integrar los hallazgos de sus evaluaciones de impacto en todas las funciones y procesos relevantes, y tomar medidas apropiadas para tratar de prevenir o mitigar los riesgos para los defensores que están directamente relacionados con sus operaciones, productos o servicios por sus conexiones comerciales con otras entidades, incluso si no han contribuido a esos impactos.

Además de prevenir y mitigar los riesgos y ataques a los DDH, los procesos de debida diligencia deben estar informados por el trabajo de los DDH en la promoción y defensa de los derechos humanos. El comentario sobre el Principio Rector 18 señala que para evaluar con precisión el impacto de sus actividades en los derechos humanos, las empresas deben tratar de comprender las preocupaciones de las partes interesadas potencialmente afectadas y, por ello deben considerar consultar con defensores y otros actores relevantes de la sociedad civil. En este sentido, el Grupo de Trabajo de la ONU sobre Empresas y Derechos Humanos (2021) considera que:

«Un componente fundamental para llevar esto a la práctica es tratar a las personas defensoras de los derechos humanos como socias valiosas, entablando una relación temprana con ellas, consultándolas periódicamente para entender los impactos de la empresa sobre el terreno y llevando a cabo verdaderos intentos de reparar el daño cuando los esfuerzos por prevenir los abusos contra las personas defensoras de los derechos humanos hayan fracasado».

El objetivo principal de la participación de las partes interesadas en el contexto de los procesos de debida diligencia es garantizar que las medidas adoptadas por las empresas coincidan con los riesgos y necesidades reales de las personas o grupos cuyos derechos se ven afectados negativamente por sus actividades. En este sentido, las partes interesadas son aquellas personas o grupos de personas que tienen intereses que se ven o podrían verse afectados por las actividades de una empresa. Por lo tanto, los DDH están incluidos dentro de esa definición de partes interesadas y deben ser considerados y consultados como actores legítimos en los procesos de debida diligencia.

En este sentido, las Líneas Directrices de la OCDE sobre Empresas Multinacionales de 2023 también destacan que las empresas deberían «involucrarse de manera significativa con las partes interesadas relevantes o sus representantes legítimos como parte de la implementación de la debida diligencia, y brindarles la oportunidad de que sus puntos de vista se tengan en consideración, con respecto a las actividades que pueden afectarlos de manera significativa, en relación con los ámbitos cubiertos por las Líneas Directrices» (párrafo 15, Capítulo II: Principios Generales). Y asimismo señalan que «Las empresas deberían prestar especial atención a cualquier impacto negativo concreto sobre las personas, por ejemplo, los defensores de los derechos humanos, que pueden estar en mayor riesgo debido a la marginación, la vulnerabilidad u otras circunstancias, individualmente o como miembros de ciertos grupos o poblaciones, incluidos los Pueblos Indígenas» (párrafo 45, Comentario al Capítulo IV: Derechos Humanos).

Finalmente, la Directiva de la UE sobre diligencia debida de las empresas en materia de sostenibilidad establece en cuanto a los mecanismos de reparación que:

«Las empresas deben ofrecer a las personas y organizaciones la posibilidad de presentar reclamaciones directamente ante ellas en caso de inquietudes legítimas con respecto a efectos adversos reales o potenciales en los derechos humanos y el medio ambiente. Entre las personas y organizaciones capacitadas para presentar dichas reclamaciones deben figurar las personas que se vean afectadas o tengan motivos fundados para pensar que podrían verse afectadas, los representantes legítimos de dichas personas que actúen en nombre de estas (como organizaciones de la sociedad civil y defensores de los derechos humanos), los sindicatos y otros representantes de los trabajadores que representen a las personas que trabajen en la cadena de actividades de que se trate y las organizaciones de la sociedad civil activas y con experiencia en los ámbitos relacionados con el efecto adverso para el medio ambiente que sea objeto de la reclamación» *(Preámbulo, Considerando 59).*

9.5. Conclusión

Los Estados tienen la obligación primordial de garantizar los derechos y la protección de los defensores de los derechos humanos, tal como se establece en diversos instrumentos de derechos humanos. Además, las empresas deben abstenerse de infringir los derechos y evitar ataques contra las personas defensoras (incluyendo las llamadas SLAPPs) permitiendo que éstas realicen su trabajo en un entorno seguro. Junto con las tareas de prevención y mitigación, las empresas deben asegurarse de incluir a las partes interesadas afectadas y a las personas defensoras en los procesos de debida diligencia como parte de sus tareas de consulta para identificar riesgos reales o potenciales a los derechos humanos derivados de sus actividades y operaciones.

9.6. Bibliografía

BHRRC, «SLAPPed but not silenced: Defending human rights in the face of legal risks», 15 junio 2021, https://www.business-humanrights.org/en/from-us/briefings/slapped-but-not-silenced-defending-human-rights-in-the-face-of-legal-risks/

COMISIÓN INTERAMERICANA DE DERECHOS HUMANOS, *Criminalización de la labor de las defensoras y los defensores de derechos humanos*, OEA/Ser.L/V/II.Doc. 49/15, 31 diciembre 2015, https://www.oas.org/es/cidh/informes/pdfs/criminalizacion2016.pdf

Daniel IGLESIAS MÁRQUEZ, «La protección de las personas defensoras en el marco internacional de empresas y derechos humanos» en Núria Reguart Segarra; Maria Chiara Marullo (dir.), Lorena Sales Pallarés (dir.), Francisco Javier Zamora Cabot (dir.), *Empresas transnacionales, derechos humanos y cadenas de valor: nuevos desafíos* (Colex, 2023), pp. 333-358.

DOCUMENTOS:

CONSEJO DE DERECHOS HUMANOS, *Resolución 40/L.22 «Reconocimiento de la contribución que hacen los defensores de los derechos humanos relacionados con el medio ambiente al disfrute de los derechos humanos, la protección del medio ambiente y el desarrollo sostenible»*, 20 de marzo de 2019, A/HRC/40/L.22/Rev.1: https://www.ohchr.org/en/hr-bodies/hrc/regular-sessions/session40/res-dec-stat

Declaración de la ONU de los Defensores de los Derechos Humanos (1998): https://www.ohchr.org/es/special-procedures/sr-human-rights-defenders/declaration-human-rights-defenders

Informe del Grupo de Trabajo sobre la cuestión de los derechos humanos y las empresas transnacionales y otras empresas, Los Principios Rectores de las Naciones Unidas sobre las Empresas y los Derechos Humanos: Orientación para garantizar el respeto de las personas defensoras de derechos humanos, A/HRC/47/39/Add.2, 23 de junio de 2021: https://www.ohchr.org/sites/default/files/2022-02/Formatted-version-of-the-guidance-SP.pdf

WEBS DE INTERÉS:

BHRRC, Human Rights Defenders & Civic Freedoms: https://www.business-humanrights.org/en/big-issues/human-rights-defenders-civic-freedoms/

GRUPO DE TRABAJO DE LA ONU SOBRE EMPRESAS Y DERECHOS HUMANOS. DEFENSORES DE DERECHOS HUMANOS, Empresas y Derechos Humanos: https://www.ohchr.org/en/special-procedures/wg-business/human-rights-defenders-business-and-human-rights

TEMA 10

EMPRESAS EN SITUACIONES DE CONFLICTO ARMADO

10.1. Introducción y objetivos generales

Cuando las empresas operan en zonas afectadas por conflictos armados y/o alto riesgo se plantean una serie de desafíos legales y operacionales. Las empresas podrían estar vinculadas a escenarios de conflicto armado de diferentes maneras, ya sea directamente, brindando apoyo financiero, logístico, militar o de cualquier otro tipo a las partes en conflicto; o indirectamente, influyendo en la dinámica del conflicto o en los actores involucrados, incluso sin la intención de ayudar a las partes beligerantes. Como indica el Grupo de Trabajo de la ONU sobre Empresas y Derechos Humanos (2020),

> «Las empresas no son agentes neutrales: su presencia no está exenta de repercusiones. Aun cuando las empresas no tomen partido en el conflicto, las consecuencias de sus actividades influirán necesariamente en la dinámica de este».

Por tanto, hay factores importantes que deben tenerse en cuenta al hacer negocios en regiones afectadas por conflictos armados. Además, las empresas también podrían sopesar la decisión de suspender o poner fin a sus actividades y operaciones en dichas regiones y, en tal caso, deberán evaluar cómo hacerlo de una manera responsable, llevando a cabo una «salida responsable».

Los objetivos de este tema son:

- Analizar el concepto de debida diligencia reforzada al ser implementado en situaciones de conflicto y alto riesgo.

- Examinar la posible responsabilidad penal corporativa por complicidad en crímenes internacionales.
- Conocer las implicaciones de la terminación de una relación comercial o salida empresarial de una zona afectada por conflicto y las posibles medidas de mitigación.

Las empresas que operan en situaciones de conflicto y alto riesgo deben tener en cuenta sus posibles impactos adversos en el conflicto y asegurarse de que no contribuyen a violaciones graves de los derechos humanos y crímenes internacionales. Una de las medidas clave es la puesta en práctica de la «debida diligencia reforzada», que incluiría la preparación de una estrategia de salida de dicho territorio si resulta necesario llegado el caso. Por otro lado, las empresas podrían llegar a estar involucradas en crímenes internacionales si prestan apoyo a las partes en conflicto, como se ha puesto de manifiesto en los casos Lafarge y Lundin.

10.2. Debida diligencia reforzada en situaciones de conflicto armado y alto riesgo

El Principio Rector 7 establece que, dado que el riesgo de graves abusos contra los derechos humanos aumenta en las zonas afectadas por conflictos, los Estados deben ayudar a garantizar que las empresas que operan en dichos contextos no se involucren en tales abusos. El comentario al mismo explica además que cada vez más empresas solicitan orientaciones prácticas sobre cómo evitar contribuir a daños a los derechos humanos en estos contextos. Siguiendo las indicaciones del Principio Rector 7, los Estados deberían:

«- Colaborar en la fase más temprana posible con las empresas para ayudarlas a determinar, prevenir y mitigar los riesgos que entrañen sus actividades y relaciones empresariales para los derechos humanos;

- Prestar asistencia adecuada a las empresas para evaluar y tratar los principales riesgos de abusos, prestando especial atención tanto a la violencia de género como a la violencia sexual;

- Negar el acceso al apoyo y servicios públicos a toda empresa que esté implicada en graves violaciones de los

derechos humanos y se niegue a cooperar para resolver la situación;
- Asegurar la eficacia de las políticas, leyes, reglamentos y medidas coercitivas vigentes para prevenir el riesgo de que las empresas se vean implicadas en graves violaciones de los derechos humanos».

Las Líneas Directrices de la OCDE para Empresas Multinacionales sobre Conducta Empresarial Responsable también consideran la situación de las empresas que operan en entornos difíciles, incluidos los conflictos armados. En este sentido, se menciona la necesidad de llevar a cabo una debida diligencia reforzada en relación con los impactos negativos, incluidas las violaciones del derecho internacional humanitario. Por ello, además de los estándares sobre empresas y derechos humanos, existe un cuerpo jurídico especialmente relevante en situaciones de conflicto armado: el derecho internacional humanitario (DIH). El estallido de un conflicto armado desencadena la aplicación del DIH e introduce normas que las partes interesadas deben conocer. Es importante destacar que el DIH vincula tanto a los Estados como a los actores no estatales, incluidos los individuos. Esto significa que el DIH es vinculante para toda persona cuyas actividades estén estrechamente vinculadas a un conflicto armado.

El DIH establece normas para limitar los efectos de los conflictos armados protegiendo a las personas que no participan en las hostilidades y, en segundo lugar, restringir los medios y métodos de guerra. Entre las disposiciones pertinentes que las empresas podrían necesitar conocer se encuentran las relacionadas con los principios básicos del DIH, como los principios de distinción, proporcionalidad, prohibición del sufrimiento innecesario, etc., así como las condiciones de la fuerza laboral, la fabricación y el comercio de armas, el saqueo de activos y propiedad, el desplazamiento forzado, y la protección del medio ambiente en conflictos armados, entre otros.

Los Principios Rectores indican que los estados deben garantizar que las empresas que operan en áreas afectadas por conflictos no estén involucradas en abusos contra los derechos humanos. Así, una de las medidas recomendadas por los Principios Rectores y las Líneas Directrices de la OCDE se refiere en la implementación de procesos de debida diligencia en materia de derechos humanos para ayudar a las empresas a identificar, prevenir y mitigar los riesgos relacionados con los derechos humanos en sus actividades y relaciones comerciales. Esto significa que, en situaciones de conflicto armado, la diligencia debida debe ponerse en práctica mediante un enfoque que tenga en cuenta el contexto del conflicto armado, sus causas y consecuencias, sus dinámicas, las partes implicadas en el mismo directa o indirectamente. Esto iría en consonancia con la idea referida en los Principios Rectores que indica que «cuanto mayor es el riesgo, más complejo es el proceso».

Después de la invasión rusa de Ucrania en febrero de 2022, se han elaborado una serie de guías y recomendaciones para comprender mejor la importancia de llevar a cabo una diligencia debida reforzada en materia de derechos humanos en escenarios de conflicto armado y otras situaciones de alto riesgo. En particular, el PNUD, junto con el Grupo de Trabajo de la ONU sobre Empresas y Derechos Humanos, publicó en junio de 2022 una guía que tiene como objetivo proporcionar a la comunidad empresarial, los gobiernos, la sociedad civil y otras partes interesadas una mejor comprensión de las medidas prácticas que deben tomarse para garantizar la participación responsable de las empresas en las zonas afectadas por conflictos. En agosto de 2023, la Oficina del Alto Comisionado de las Naciones Unidas para los Derechos Humanos (ACNUDH) publicó otra guía titulada «Business and Human Rights in Challenging Contexts. Considerations for Remaining and Exiting» que aborda la cuestión de las empresas que operan en contextos frágiles, incluidas las situaciones de conflicto armados, y las responsabilidades empresariales existentes. Por lo tanto, vemos un interés actual en la conducta empresarial responsable en situaciones de conflicto que está ganando especial atención desde la invasión rusa de Ucrania.

La idea principal que se puede derivar de estos recientes documentos es la necesidad de integrar un análisis sensible al conflicto dentro de los procesos de debida diligencia. En particular, el PNUD y el Grupo de Trabajo de la ONU sobre Empresas y Derechos Humanos resumieron los tres elementos clave que las empresas deben integrar para implementar la debida diligencia reforzada:

a) comprender el conflicto;

b) identificar su impacto en el conflicto;

c) actuar sobre esos hallazgos identificando la responsabilidad empresarial.

Estas medias pueden concretarse en las siguientes acciones a ser tomadas como parte de esa debida diligencia reforzada:

1. Analizar las características de la región, los agravios históricos o percibidos y las causas fundamentales del conflicto, así como identificar las principales partes del conflicto y las partes interesadas afectadas.

2. Evaluar y anticipar las formas en que las operaciones, productos o servicios de las empresas podrían tener un impacto en la relación entre las partes o podrían potencialmente aumentar las tensiones existentes en la región.

3. Garantizar que el personal empresarial que opera en la región esté capacitado y equipado con una comprensión adecuada de la dinámica del conflicto y de las normas de DIH.

4. Llevar a cabo consultas con las partes interesadas, incluyendo expertos internacionales y locales, y comunidades locales en la medida de lo posible. Una participación fuerte y amplia de las partes interesadas beneficiará la relación con los actores locales.

En cuanto a las guías sectoriales, la OCDE también ha elaborado una guía para las empresas que se abastecen de minerales o metales de áreas afectadas por conflictos y de alto riesgo, conocida como Guía de Debida Diligencia de la OCDE para Cadenas de Suministro Responsables de Minerales en las Áreas de Conflicto o de Alto Riesgo (2016). Como indica la Guía,

«Las empresas pueden enfrentar riesgos en sus cadenas de suministro de minerales como resultado de las circunstancias de la extracción, comercio o manejo de minerales, los cuales por su naturaleza tengan mayores riesgos de generar impactos adversos significativos, como financiar los conflictos o alimentar, facilitar o exacerbar las condiciones del conflicto».

En cuanto a los graves abusos relacionados con la extracción, transporte o comercio de minerales, la Guía destaca la posible participación en: a) cualquier forma de tortura o tratamiento cruel, inhumano o degradante; b) cualquier forma de trabajo forzado, definido como cualquier clase de trabajo o servicio que sea exigido de un individuo bajo la amenaza de recibir castigo y para el cual dicho individuo no se haya ofrecido voluntariamente; c) las peores formas de trabajo infantil; d) otras graves violaciones a los derechos humanos y abusos tales como la violencia sexual generalizada; y e) crímenes de guerra u otras graves violaciones del derecho internacional humanitario, crímenes contra la humanidad o genocidio.

10.3. Crímenes internacionales y complicidad empresarial

Como se ha indicado, las empresas y su personal directivo deberían considerar si sus actividades y operaciones comerciales podrían contribuir a abusos contra los derechos humanos y crímenes internacionales. En particular, las empresas que inviertan o establezcan actividades comerciales con una parte en conflicto corren el riesgo de ayudar, incitar o asistir en la comisión de crímenes internacionales. Así, las empresas podrían ser acusadas de complicidad en la comisión de crímenes internacionales, incluidos el genocidio, los crímenes contra la humanidad o los crímenes de guerra.

Aunque la Corte Penal Internacional no tiene competencia para procesar a entidades distintas de las personas físicas, como organizaciones o personas jurídicas, como se establece en el artículo 25 del Estatuto de Roma, ésta podría potencialmente juzgar al personal empresarial, en particular a los directores/as de empresas en cuanto a individuos. También se contempla la posibilidad de enmendar el Estatuto de Roma para poder incluir a personas jurídicas y otros actores no estatales, aunque esto implicaría grandes desafíos jurídicos y políticos. A nivel regional, el Protocolo de Malabo, que enmienda el Estatuto de la Corte Africana de Justicia y Derechos Humanos, establece en su artículo 46C la posibilidad de enjuiciar penalmente a empresas, si bien el Protocolo aún no se encuentra en vigor.

A nivel nacional, los tribunales nacionales podrían juzgar a las personas involucradas en crímenes internacionales mediante procedimientos civiles y/o penales. Por ejemplo, en 2007 el Tribunal de Apelaciones de La Haya declaró la complicidad reiterada del empresario holandés Frans van Anraat en la participación en violaciones de las leyes y costumbres de la guerra, y lo condenó a 17 años de prisión. En 2009, el Tribunal Supremo de los Países Bajos confirmó su condena por complicidad en crímenes de guerra, aunque el Tribunal redujo su pena. El caso se relaciona con el suministro de precursores químicos al régimen de Saddam Hussein en Irak que fueron utilizados para fabricar gas mostaza.

Más recientemente, se han iniciado una serie de procesos civiles y penales contra empresas y sus directores por su posible participación en crímenes internacionales, como el caso Lafarge en Francia o el caso Lundin en Suecia.

Caso Lafarge en Francia

Contexto
Al operar en zonas en conflicto, las empresas transnacionales pueden alimentar conflictos armados y contribuir a graves violaciones de derechos humanos. Desde el comienzo del conflicto armado en Siria se ha desarrollado una extensa economía de guerra en la que participan casi todas las partes del conflicto. Esto incluye el comercio de armas, materias primas y otros bienes de interés para las partes en conflicto, los estados y las corporaciones. La escalada de violencia provocó que varias empresas transnacionales abandonaran la zona. Los principales actores corporativos, como Lafarge, deben garantizar que sus actividades no impulsen economías de guerra ni contribuyan a la comisión de graves violaciones de derechos humanos.

Caso judicial
El proceso contra la empresa matriz Lafarge y su filial Lafarge Cement Siria (LCS) es el resultado de una querella penal presentada en noviembre de 2016 por once antiguos empleados sirios junto con las organizaciones ECCHR y Sherpa. La querella acusaba a Lafarge de hacer negocios con el Estado Islámico (EI) y otros grupos armados para mantener abierta y en funcionamiento su planta de cemento en Jalabiya entre 2012 y 2014 en el noreste de Siria. Desde entonces, la investigación judicial ha determinado que el valor financiero de estos acuerdos ascendía al menos a 13 millones de euros. Lafarge supuestamente compró productos básicos, como petróleo y puzolana, al EI y le pagó honorarios a cambio de permisos. Al proporcionar financiación al EI, Lafarge

no sólo puso en grave peligro las vidas de sus empleados, sino que también podría ser considerada cómplice
de crímenes contra la humanidad cometidos por el Estado Islámico en Siria.
El procedimiento judicial sigue en curso en Francia
actualmente.

Fuente: ECCHR

Otro de los recientes casos es el caso Lundin en Suecia,
considerado el primer proceso judicial en la historia de Suecia contra ejecutivos corporativos por su posible complicidad
en la comisión de crímenes de guerra. Se trata de un proceso penal en el que dos ejecutivos de la compañía petrolera
sueca, Lundin, están siendo juzgados por su posible complicidad en crímenes de guerra cometidos en Sudán entre 1999
y 2003. La empresa también está acusada de beneficiarse
de crímenes de guerra en lo que ahora es parte de Sudán
del Sur. Durante el período en que la empresa estuvo activa,
200.000 personas se vieron obligadas a abandonar sus hoga-
res y 12.000 personas fueron asesinadas.

Estos desarrollos ponen de manifiesto la necesidad de
que los tribunales tanto nacionales como internacionales
aborden la responsabilidad penal empresarial por crímenes
internacionales y graves violaciones de derechos humanos.
Si los tribunales hicieran responsables a las empresas como
tales, esto indicaría un reconocimiento de que tales crímenes van más allá de las decisiones u omisiones de una serie
de individuos. Por el contrario, son el resultado de toda una
estructura que se beneficia o permite la comisión de crímenes internacionales.

10.4. El concepto de «salida responsable»

Las empresas pueden decidir suspender o poner fin a sus
actividades en una zona afectada por un conflicto o vinculadas a ella debido a varios motivos como la imposibilidad total
de continuar físicamente operando en el terreno, los efectos
directos o indirectos de las sanciones económicas impuestas
al país donde opera, o por otras consideraciones y riesgos
legales, éticos o reputacionales. En dicho caso las empresas deben identificar las consecuencias de la salida y prevenir o mitigar los impactos negativos derivados de la misma.

En particular, una situación especialmente difícil surge en relación con las empresas que ofrecen servicios esenciales (incluidos agua, electricidad, alimentos, atención médica o servicios similares) ya que será necesario evaluar quién se hará cargo de dichos servicios o qué consecuencias negativas podrían derivarse si los servicios esenciales se suspenden o ya no se ofrecen a las comunidades locales.

Por tanto, es clave que las empresas planifiquen con antelación una estrategia de salida que incluya medidas para identificar y evaluar los impactos de la desvinculación con los trabajadores, proveedores, comunidades locales y otras partes interesadas afectadas, así como desarrollar estrategias de mitigación. Otra idea importante es que dicha estrategia o plan de salida debe planificarse con antelación, como parte de los procesos de diligencia debida reforzada en materia de derechos humanos y no después de la escalada del conflicto o la crisis violenta, como ocurrió en el caso de la guerra en Ucrania, donde la mayoría de empresas sólo comenzó a reaccionar tras la invasión a gran escala de Rusia en febrero de 2022 y no antes cuando ya existían indicios de una escalada del conflicto y las tensiones en la región.

Grupo de Trabajo de la ONU sobre Empresas y Derechos Humanos, sobre una «salida responsable» (2020)

«La salida no debe limitarse a que una empresa abandone una región y evacúe a sus empleados expatriados. Las medidas concretas que hayan de adoptar las empresas dependerán en gran medida del contexto. No obstante, la necesidad de salir no suele materializarse de la noche a la mañana, sino que será el resultado del deterioro de una situación a lo largo de un determinado período. Por tanto, el primer paso es anticipar y planificar una estrategia clara de salida con antelación. Ello permitirá a la empresa determinar y evaluar los efectos de la retirada junto con las personas afectadas, incluidos los socios comerciales y las comunidades, así como elaborar estrategias de mitigación. Tales estrategias pueden consistir en lo siguiente: avisar con razonable antelación a las comunidades, los proveedores, los trabajadores y otros asociados de la retirada pendiente; garantizar que el personal siga recibiendo ingresos mientras dure la crisis, en caso de suspensión temporal o de capacitación, y crear capacidad para mitigar la pérdida de empleos; y velar por la seguridad del personal restante que no pueda ser evacuado».

Fuente: Grupo de Trabajo de la ONU sobre Empresas y Derechos Humanos, A/75/212

A la hora de sopesar la decisión de salir o permanecer en una zona afectada por conflicto, las empresas deberán tener en cuenta una serie de factores como indican los Principios Rectores. En este sentido, hay cuatro factores que las empresas que operan en una zona afectada por conflicto deben considerar:

a) **El uso de su capacidad de influencia cuando sea posible** *(leverage)*:

«Leverage» significa la capacidad de una empresa comercial para efectuar cambios en las prácticas ilícitas de otra parte que están causando o contribuyendo a un impacto adverso sobre los derechos humanos. Los Principios Rectores establecen que antes de considerar poner fin a una relación comercial, la empresa debe intentar buscar soluciones abordando esos impactos adversos mediante el ejercicio de su influencia.

b) **El hecho de llevar a cabo una actividad comercial «crucial»:**

Cuando la empresa no puede ejercer influencia para prevenir o mitigar el impacto negativo, podría considerar la decisión de terminar la relación comercial. Sin embargo, debería reflexionar sobre cuán crucial es la relación comercial, lo que significa que, si la relación se considera «crucial» para la empresa, ponerle fin implicaría una serie de desafíos adicionales. Según el Principio Rector 19, una relación podría considerarse crucial si proporciona un producto o servicio que es esencial para el negocio de la empresa y para el cual no existe una fuente alternativa razonable.

c) **La gravedad del abuso potencial o real:**

Además de ser o no una relación comercial «crucial», otro factor clave que debe evaluarse es la gravedad del abuso, en el sentido de que «cuanto más grave sea la violación, menos deberá tardar la empresa en decidir si rompe la relación. En cualquier caso, mientras prosiga la violación en cuestión y la empresa mantenga su relación comercial, debe estar en condiciones de demostrar sus propios esfuerzos por mitigar el impacto y aceptar las consecuencias —en términos de reputación, financieras o legales— de prolongar su relación» (Comentario al Principio Rector 19).

d) **Los posibles impactos adversos sobre los derechos humanos derivados de la decisión de salir:**

Otro factor decisivo es si la terminación de la relación comercial podría dar lugar a consecuencias adversas para los derechos humanos. Por ejemplo, si la empresa suministra alimentos u otros servicios esenciales a una comunidad afectada por el conflicto, puede justificar permanecer más tiempo en la zona porque irse implicaría impactos adversos sobre los derechos humanos de dicha comunidad.

10.5. Conclusión

Las empresas deben tener un especial cuidado cuando operan en situaciones de conflicto armado para no verse involucradas en violaciones graves de los derechos humanos y crímenes internacionales. Para ello deben implementar la debida diligencia que deberá ser reforzada al tener que aplicar una lente sensible al conflicto donde se conozca el contexto, las causas, las dinámicas y las partes del conflicto, así como se identifiquen y determinen los posibles impactos adversos de la actividad empresarial no sólo en los derechos humanos sino en el propio conflicto.

10.6. Bibliografía

Laura ÍÑIGO ÁLVAREZ, «Responsible Business Conduct in Conflict-Affected Areas: the Notion of Heightened Human Rights Due Diligence», *Revista Española de Empresas y Derechos Humanos* 2 (2024) pp. 29-45. https://revistadeempresasyderechoshumanos.colex.es/wp-content/uploads/2024/02/2.2.pdf

Laura ÍÑIGO ÁLVAREZ, «Un paso adelante en la lucha contra la impunidad corporativa: desarrollos del caso Lafarge», *Blog Agenda Estado de Derecho*, febrero 2023, https://agendaestadodederecho.com/desarrollos-del-caso-lafarge/

DOCUMENTOS:

ACNUDH, Business and Human Rights in Challenging Contexts Considerations for Remaining and Exiting (agosto 2023): https://www.ohchr.org/sites/default/files/documents/issues/business/bhr-in-challenging-contexts.pdf

Guía de Debida Diligencia de la OCDE para Cadenas de Suministro Responsables de Minerales en las Áreas de Conflicto o de Alto Riesgo (Tercera Edición 2016): https://www.oecd.org/corporate/mne/mining.htm

Informe del Grupo de Trabajo sobre la cuestión de los derechos humanos y las empresas transnacionales y otras empresas. Empresas, derechos humanos y regiones afectadas por conflictos: hacia el aumento de las medidas (2020) A/75/212: https://www.ohchr.org/en/documents/thematic-reports/a75212-report-business-human-right-and-conflict-affected-regions-towards

UNDP, Heightened Human Rights Due Diligence for Business in Conflict-Affected Contexts: A Guide (junio 2022): https://www.undp.org/publications/heightened-human-rights-due-diligence-business-conflict-affected-contexts-guide

WEBS DE INTERÉS:

ECCHR, Lafarge case: https://www.ecchr.eu/en/case/lafarge-in-syria-accusations-of-complicity-in-grave-human-rights-violations/

GRUPO DE TRABAJO DE LA ONU SOBRE EMPRESAS Y DERECHOS HUMANOS, Proyecto sobre la actividad empresarial en contextos de conflicto y post-conflicto: https://www.ohchr.org/es/business/un-working-group-business-and-human-rights

SOBRE LOS AUTORES

LAURA ÍÑIGO ÁLVAREZ

Profesora Ayudante Doctora en Derecho Internacional en la NOVA School of Law en Lisboa y CEDIS Chair en Derechos Humanos, Justicia y Seguridad. Es Doctora en Derecho por la Universidad de Utrecht. Es coordinadora del Máster en Derecho y Seguridad y miembro de la Comisión Científica del Máster en Derecho y Economía del Mar en la NOVA School of Law. Asimismo, es la Coordinadora Científica del NOVA Centre on Business, Human Rights and the Environment y la co-Directora del NOVA War and Law Lab. Ha sido ponente en múltiples congresos internacionales, incluyendo los organizados por la European Society of International Law (ESIL), la Law & Society Association y la Association of Human Rights Institutes (AHRI). Sus principales líneas de investigación son el derecho internacional de los derechos humanos, el derecho internacional humanitario y los actores armados no estatales, el derecho penal internacional, y las empresas y los derechos humanos. Es también profesora invitada en la Universidad Católica Santo Antonio de Murcia (UCAM) y la Universidad de Sevilla, donde imparte docencia sobre derechos humanos a nivel internacional y regional.

DANIEL IGLESIAS MÁRQUEZ

Profesor Ayudante Doctor en Derecho Internacional Público y Relaciones Internacionales de la Universidad de La Laguna. Es Doctor en Derecho por la Universitat Rovira i Virgili. Investigador asociado del Instituto de Derechos Humanos y Empresas de la Universidad de Monterrey (México) y del Centro de Estudios de Derecho Ambiental de Tarragona (CEDAT). Miembro del Grupo de Investigación en Geopolítica, Conflicto y Derechos Humanos de la Universitat Oberta de Catalunya. Forma parte del Consejo Editor de Homa Publica – Revista Internacional de Direitos

Humanos e Empresas y de la Secretaría de la Revista Española de Empresas y Derechos Humanos. Es codirector de la colección científica «Estudios de Empresas, Derechos Humanos y Medio Ambiente» de la editorial Colex. Es miembro del Comité sobre Empresas y Derechos Humanos de la International Law Association, así como la Network on Business, Conflict and Human Rights (BCHR Network), la Global Business and Human Rights Scholars Association y del Consejo de la Academia Latinoamericana sobre Empresas y Derechos Humanos. Asimismo, es miembro de la Global Network for Human Rights and the Environment (GNHRE) y de la Red de Empresas y Derechos Humanos, con especial incidencia en extractivismo y acaparamiento de tierras y aguas (REDH-EXATA). Tiene experiencia laboral en organismos internacionales y organizaciones de la sociedad civil. Daniel ha estado involucrado en varios proyectos de investigación y ha colaborado activamente con numerosas organizaciones internacionales y nacionales dedicadas a promover la protección del medio ambiente y los derechos humanos.